모두를 위한
검무예
劍武藝 · KUM MOO YEH

일성 정복수

혜성출판사

검무예

劍武藝 · KUM MOO YEH

인사말

우리 민족은 예부터 검은 잡기를 물리치고 액운을 막아 준다하여 검(劍)을 신성이 여겨왔으며 오랜 역사와 전통을 이어온 검무예는 우리의 소중한 전통무예입니다.

검을 구분함에 있어 한쪽 날의 칼을 도(刀)라 하였고 양쪽날의 칼을 검(劍)이라 구분 하였으며 날이 있는 모든 도구를 통틀어 칼이라 하였고 검(劍)이라 칭하였습니다

검무예란 날이 있는 모든 병장기를 수련하는 무예를 검무예라 합니다.

칼의 역사는 인간의 태동부터 시작되었으며 가장 번성했던 시기는 삼국시대로 백제무사도, 신라화랑, 고구려 조의선인을 대표적인 예로 들 수 있으며 우리 민족은 무예를 다분히 국권강화나 영토 확장을 위한 목적보다 문·무를 겸비한 인격과 품격을 쌓는데 중점을 두었기에 그 가치는 매우 크다 할 수 있습니다.

세계검무예연맹은 1994년 대한도법검도협회, 창립을 시작으로 류·파를 초월한 국내 최초 달빛서슬회란 전국 진검수련 동호인 조직을 결성하여, 칼의 문화를 보급 하는데 앞장서 왔으며 각종 대회와 세미나, 시연을 통해 왕성한 활동을 하였고, 이 후 도법단체들의 난립으로 쌍칼을 사용하는 협회의 특징을 살려 2004년 대한이도류검도협회로 명칭계명을 하였으나, 2009년 전통무예진흥법이 발의 되면서 검도란 명칭이 아닌 우리나라를 대표할 수 있는 독자적 검 수련 단체로 거듭나기 위해 2014년 세계검무예연맹 으로 재차 계명하게 되었습니다.

검무예구성은 검법(형), 격법(교전), 세법(베기), 검무(춤)로 분류되었으며 검의 기법은 쌍수, 환수, 역쌍수, 쌍역수, 편수, 역편수, 쌍검. 등 다양한 칼의 기법과 더불어 심·신을 수련하는 무예로 조선시대 이 후로 단절된 칼의 기술기법을 보다 체계적이고 과학적으로 적립하여 남녀노소 누구나 즐겁고 쉽게 익힐 수 있게 하여 칼의 문화를 널리 보급하고 알리기 위해 오랜 시간 연구한 과정을 책으로 출간하게 되었습니다.

세계검무예연맹은 선조들이 남긴 우리의 소중한 검 문화를 토대로 많은 연구와 재연을 통해 혼과 정신을 담아 훌륭한 검문화로 발전시켜 지구촌에 널리 알리고 청소년인싱교육과 국민건강에 중점을 두어 국가와 인류사회에 기여할 수 있도록 최선을 다 하겠습니다.

존경하는 무예인 여러분의 많은 관심과 성원을 부탁드립니다.

세계검무예연맹 총재

정복수

차례

검무예 역사 8
검무예 란? 9
검무예의 목적 10

01. 도검의 역사 13
1) 고대 17   2) 중세 21   3) 근대 24

02. 도검의 종류 33
1. 용광검 34   2. 백제의 혼 칠지도 35   3. 도검의 종류 36   4. 검의 명칭과 의미 40
5. 검 무예 수련도 41   6. 검의 재원 42

03. 예법 43
1. 입례 44   2. 좌례 45   3. 검 예법 46

04. 검 착용법과 파지법 기본자세 47
1. 검 착용법 48
1) 선자세 착용법 48   2) 정좌세 착용법 49   3) 파지법 50   4) 기본자세 52   5) 후리기 기본자세 53

05. 발검-착검 55
발검-착검 56
1) 발검 56   2) 착검 56   3) 발검의 종류 56
1단계(2보 앞으로-구분동작) 57   2단계(1보 앞으로-1동작) 64   3단계(1보 뒤로-1동작) 65
4단계(360° 전환-1동작) 66   5단계(정좌세-1동작) 67

06. 검결, 검선고르기, 칼힘의 전달, 격자, 안법, 보법 69
1. 검결 70   2. 검선 고르기 71   3. 칼 힘의 전달 73   4. 격자 74   5. 안법 75   6. 보법 76

07. 기본동작후리기 77
기본동작 후리기 78
1) 좌법 후리기 79   2) 평자세 3동작 후리기 80   3) 4보법 정면 후리기 83

08. 방법 85
1) 상방: 머리, 어깨, 목, 상체 공격을 막는 법 87   2) 중방: 허리, 배, 명치 중심 공격을 막는 법 89
3) 하방: 대퇴부, 무릎, 발목, 하체공격을 막는법 91

09. 검살법 93
1) 뿌리기 94   2) 쳐내기 95   3) 누르기 96   4) 제쳐내기 96   5) 감아 뿌리기 96

10. 쌍수후리기 97

쌍수 후리기 98

1) 정지법 98   2) 뿌림법 102   3) 흘림법 106

11. 자법 109

1) 찌름 110   2) 기타찌름 112

12. 쌍수 2보 후리기 115

1) 3동작 후리기 116   2) 2동작 후리기 121   3) 1동작 후리기 122

13. 예도8자세 , 예도8자세후리기 123

1) 예도8자세 124   2) 예도8자세후리기 126

14. 발검후리기 131

발후리기 132

15. 검법 137

검법 138

1) 화랑검법 139   2) 쌍수도 140   3) 본국검 141   4) 쌍검 142   5) 제독검 143   6) 본국쌍검 144

16. 격법 145

격법 146

1) 대도격법 (1~8) 147   2) 소도격법 (1~5) 152

17. 세법 153

1. 쌍수베기 154 2. 쌍수베기 (2연타) 155   3. 쌍수베기 (2연타) 156   4. 쌍수베기 (2연타) 157
5. 쌍수베기 (3연타) 158 6. 쌍수베기 (3연타) 159 7. 쌍수베기 (3연타) 160 8. 쌍수베기 (3연타) 161
9. 쌍수베기 (4연타) 162 10. 쌍수베기 (5연타) 163 11. 쌍수베기 (6연타) 164 12. 쌍수베기 (7연타) 165
13. 쌍수베기 (8연타) 166 14. 환수베기 167 15. 역 쌍수베기 168 16. 쌍 역수베기 169
17. 우편수 베기 (좌편수와 교체) 170 18. 좌편수베기 (우편수와 교체) 170 19. 역편수 베기 171
20. 전환 베기 172 21. 응용 베기 173 22. 응용 베기 (짚단베기) 174 23. 발검법 베기 175

18. 이도쌍검 177

1) 기본자세 180   2)검 착용과 해체법 182   3)이도 쌍검 (12자세) 185
4) 이도 쌍검 (격법) 187   5)이도 쌍검 (세법) 188

세계검무예연맹 연역 189

검무예 역사

칼의 역사는 인간의 태동부터 시작되었으며 검, 창, 활은 사냥이나 생존의 도구로도 사용되었지만 영역을 넓히기 위한 전쟁의 도구로도 사용되어 왔다.

형태나 기능은 각각 다르지만 지구촌 모든 국가들이 보유하고 있기에 검은 인류의 역사이기도 하다.

하지만 유일하게 우리 민족은 검을 전쟁의 도구로만 사용하지 않았으며 충(忠), 효(孝), 예(禮), 의(義)를 중시 하였고 문·무를 겸비한 인격과 품격을 쌓는데 중점을 두었기에 그 가치는 매우 크다 할 수 있다.

우리의 검무예 역사는 인류의 역사이며 백제의 무사도정신과, 신라의 화랑정신, 고구려의 조의선인의 숭고한 상무정신을 통해 그 명맥을 이어왔으며 유래 없는 긴 역사와 우수성을 자랑하고 있다.

검무예는 1994년 대한도법검도협회, 창립을 시작으로 류·파를 초월한 국내 최초 달빛서슬회란 전국 진검 수련 동호인 조직을 결성하여 칼의 문화를 보급 하는데 앞장서 왔으며 각종 대회와 세미나 시연을 통해 왕성한 활동을 하였고 이 후 도법단체들의 난립으로 쌍칼을 사용하는 협회의 특징을 살려 2004년 대한이도류검도협회로 명칭계명을 하였으나 2009년 전통무예진흥법이 발의 되면서 검도란 명칭이 아닌 우리나라를 대표할 수 있는 독자적 검 수련 단체로 거듭나기 위해 2015년 세계검무예연맹 으로 재차 계명하게 되었다.

세계검무예연맹은 진검수련의 특화된 기술과 과학적 지도법으로 훌륭한 인재를 양성하여 검무예의 우수성을 널리 알리고 대한민국 무예발전과 국익에 기여할 수 있도록 최선을 다할 것이다.

검무예 란?

검무예란? 날이 있는 모든 병장기를 수련하는 무예를 검무예라 한다.

우리 민족은 예부터 검은 잡기를 물리치고 액운을 막아 준다하여 검(劍)을 신성이 여겨왔으며 오랜 역사와 전통을 이어온 검무예는 우리의 소중한 전통무예이다.

검을 구분함에 있어 한쪽 날의 칼을 도(刀)라 하였고 양쪽날의 칼을 검(劍)이라 구분 하였으며 날이 있는 모든 도구를 통틀어 칼이라 하였고 검(劍)이라 칭하였다.

검무예구성은 검법(형), 격법(교전), 세법(베기), 검무(춤)로 분류되었으며 검의 기법은 쌍수, 환수, 역쌍수, 쌍역수, 편수, 역편수, 쌍검, 등 다양한 칼의 기법과 정신을 수련하는 무예로 조선시대 이 후로 단절되어버린 칼의 기술기법을 보다 체계적이고 과학적으로 적립하여 선조들이 남긴 소중한 무예유산의 무예도보통지 24반 무예 중에 검무예 8기(예도, 쌍수도, 본국검, 제독검, 쌍검, 등패, 월도, 협도) 에 접목하여 충(忠), 효(孝), 예(禮), 의(義) 정신과 함께 수련하는 과정을 검무예라 한다

검무예의 목적

검(劍)은 만 가지 병장기 중 으뜸이라 하였다.

검무예는 우리의 소중한 문화유산이다.

충(忠), 효(孝), 예(禮), 의(義) 정신과 우수한 기술 기법으로 구성된 검무예를 통해 청소년인성교육에 중점을 두고 나아가 정의로운 사회를 구현하는데 일조하며 우수한 지도자를 양성 발굴하여 지구촌에 널리 알리고 인류사회에 기여하는데 그 목적을 두고 있다.

세계검무예연맹

삼태극이란?

天(하늘 천), 地(땅 지), 人(사람 인), 삼재가 하나로 혼합된
혼돈상태를 나타내는 것으로 우주와 인간의 합을 뜻함.

삼태극 색상의 뜻과 의미

- 빨강 (天-천) 양을 뜻함.
- 파랑 (地-지) 음을 뜻함.
- 노랑 (人-인) 음, 양의 조화로 생명탄생을 뜻함.

사각형의 의미

- 사각형은 동, 서, 남, 북을 뜻함
- 예부터 우리민족은 청룡, 백호, 주작, 현무를 사방을 지켜주는 수호신으로 여김
- 동(청룡), 서(백호), 남(주작), 북(현무)

원형의 의미

- 원형은 우주를 뜻함

삼족오의 의미

- 三足烏(석 삼, 발 족, 까마귀 오) : 세발달린 까마귀라는 뜻
- 현존하지 않은 동물이나 태양에서 산다하여 불사조로 신성이 여김

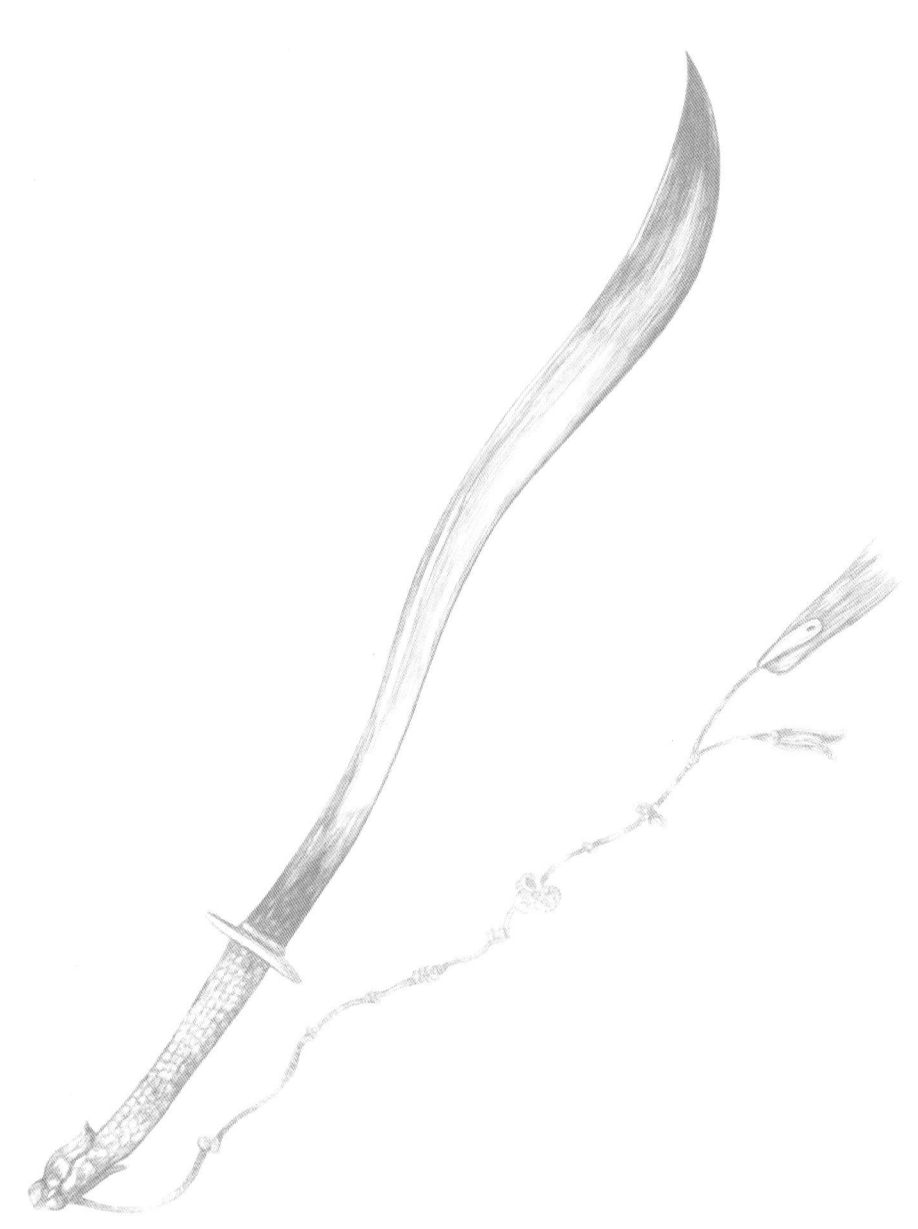

01. 도검의 역사

1) 고대
2) 중대
3) 근대

인류가 사용한 최초의 무기는 돌멩이나 나무 몽둥이였을 것이다. 다음 단계에서는 돌과 나무인 복합된 형태의 무기가 생겨나게 되었을 것이고 상호 보완적 작용을 통해 차츰 다양한 모양의 무기가 개발되었다고 볼 수 있다.

칼은 이 중에서도 효율성이 뛰어난 것으로 인간과 가장 가까이에 있었던 이기(利器)이자 무기로서 특별한 상징성까지 가지게 되어, 인류가 멸망하는 날까지도 어떤 형태로든 인류의 곁에 남아 있을 유일한 물건이 될지도 모른다.

칼은 치고 찌르고 베는 기능을 모두 할 수 있다. 처음에는 치는 무기로서 주로 몽둥이의 구실을 해왔으며, 간 돌칼 즉, 마제석검이 나타나면서 부터는 주로 찌르는 무기가 되어 이 기능은 청동검의 시기까지 이어져 내려온다.

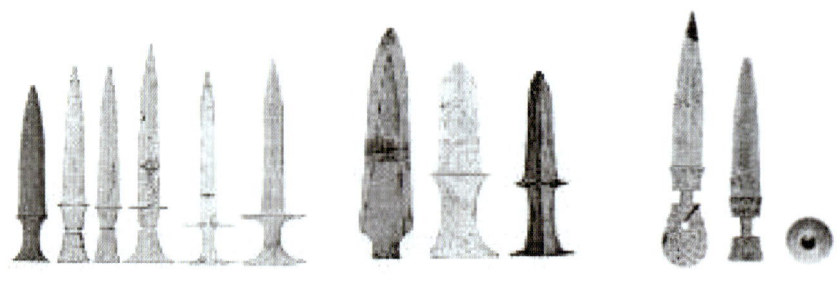

각종 마제석검

그러다가 철기시대가 열리고 검(劍, 양날칼)이 도(刀, 외날칼)로 변하면서 베고 자르는 몫까지 다하게 된 것이다.

칼은 날의 외형상 검에서 도로 발전되어 왔다. 신석기시대의 마제석검이 바로 검의 원형이 된다. 칼몸 양쪽의 날을 세우고 칼끝은 뾰족하게 하며 접촉시 칼이 부러지는 것을 막으려고 두껍게 능각(稜角)을 세워 칼몸의 단면이 럭비공이나 다이아몬드 모양이 되게 한 것이다. 이 형태의 원형은 청동검에도 거의 그대로 적용되고 있다. 그 이유는 청동검 역시 주조물로서 거푸집에 부어 만들기 때문에 합금된 재질이라도 심하게 부딪치면 부러지기 때문일 것이다. 또한 같은 이유로 칼은 전체의 길이가 50cm를 넘지 못하는 것이 일반적이다.

비파형동검

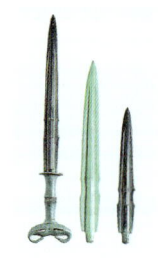
세형동검
(한국식동검)

철제 칼은, 초기에는 검으로 시작되었고 주조된 것도 있으나 곧 단야(鍛冶), 즉 불에 달구어 두드려 만드는 것으로 바뀌면서 칼의 길이가 길어지고 한쪽에만 날이 있는 도로 바뀌어 진다.

도는 단면이 다이아몬드형을 반으로 자른 형태로 옆면이 칼등에서 날까지 평면으로 처리된 것이 대개 초기의 것이고, 다음은 대패와 같이 날 끝부분을 옆으로 갈아낸 것이며, 마지막 단계가 검에서 한쪽 날의 반을 없애고 칼등화한 모양으로 칼 옆이 능각(棱角)으로 처리된 것인데, 시대와 나라에 따라 많은 변형이 있으며 칼날은 직선형에서 곡선형으로 바뀌어 왔다.

세계적으로 동검(銅劍)은 BC4000년경에 이미 메소포타미아 지방에서 나타나고 BC3500년경에는 청동검(靑銅劍)이 출현하였으며 BC2000년경에는 이집트에서 철검(鐵劍)이 만들어졌다.

동양에서는 BC1500년경에 청동검이 만들어진 것으로 알려져 있고 평북 용천(龍川)에서는 이 시기의 Karasuk식 청동도자(靑銅刀子)가 출토되었다. BC400년경에는 이 땅에 철제 칼이 나타나고 BC200년을 전후하여 우리 칼의 대명사라 할 수 있는 환두대도(環頭大刀)가 모습을 드러내게 된다.

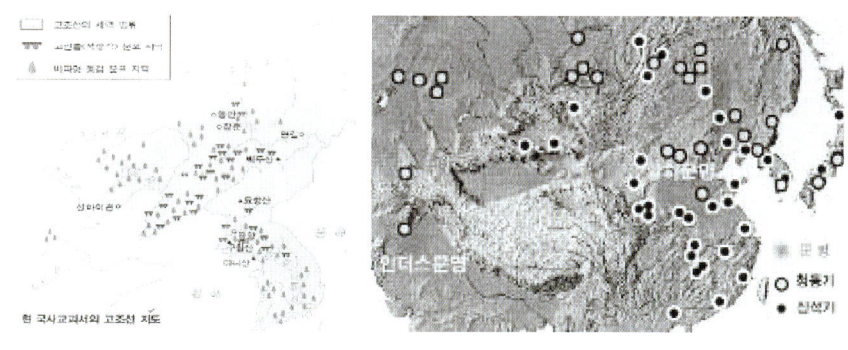

환두대도란 손잡이 끝부분에 둥근 고리가 있는 큰 칼이라는 뜻으로 후일 흔히 환도라고 부르는 칼에는 고리가 없어지나 칼자루 끝부분에 작은 구멍을 내어 그 흔적이 남아 있게 된다.

초기의 환두대도는 민고리로 시작되었으나 차츰 고리나 고리 안에 나뭇잎, 귀면(鬼面), 용(龍), 봉(鳳)의 장식을 더해 지위를 나타내게 되는데, 원래는 이 고리 안에 끈을 달아매어 사용할 때 손에 감고 칼이 털어지는 것을 방지한 데서 나온 것으로 추측된다.

BC100년경 고조선이 분열되면서 원삼국시대가 열리고 환두대도는 고구려, 백제, 신라, 가야 등에서 보다 독자적으로 개발되어 다양해지고 날도 특별히 담

고리자루칼

용무늬 고리자루 칼: 공주 무령왕릉에서 출토된 것으로서 백제의 고리자루칼 중에서도 명품으로 꼽힌다.

금질한 극강(極剛)의 도로 변하며 이런 무기와 기능이 무력집단에 의해 일본까지 건너가게 되는 것이다.

도검(刀劍)은 청동기시대부터 손잡이 부분과 칼 몸 부분이 각각 나눠진 분리형으로 시작되어 초기 철기는 이것이 그대로 답습되는 형태(특히 劍)로 이어지다가 환두대도에 이르면 손잡이와 칼 몸이 하나로 된 일체형으로 바뀐다. 확실치는 않으나 이런 모양이 삼국통일기인 7세기를 전후하여 칼몸이 곡선으로 휘는 곡도(曲刀)로 되면서 차시 칼 몸과 손잡이가 분리되어 조립되는 식으로 정착된 후 천년이상을 전해 내려오고 있다.

초기의 고리자루칼. 칼날과 손잡이가 일체형인 것이 특징이다

1) 고대

우리는 흔히 우리의 시조가 단군왕검이라고 한다. 지금이 단기 4328년이니 단군은 4300여 년 전 우리들 할아버지중의 한 분일 것이다. 이때쯤이 동북아(東北亞)에 소위 Cheifdom Socidty가 정착되어 소국과 단계로 진입되는 시기로 보고 있다.

중국은 4600여 년 전에 황제(皇帝)가 시조로 등장한다.

문헌상 동북아시아의 역사는 황제와 치우(蚩尤)의 싸움으로 시작된다. 중국 「사기(史記)」의 기록이 그것이다. 사기는 그보다 더 오래된 문헌인 「산해경(山海經)」이라는 지리풍물서를 참고로 한 것 같다.

「산해경」이나 「사기」의 내용에 따르면 치우는 매우 강폭한 무력집단의 우두머리로서 황제도 감히 어찌지 못한 괴물로 표현되고 있다. 이 당시를 기록한 문헌들의 여러 내용을 종합해보면 치우는 구리(九黎)의 군왕이며 옛날의 천자로서 극동에서 최초로 칼을 비롯한 무기를 만든 막강한 실력자로 지금의 난하(灤河)와 황하(黃河) 사이에서 남쪽의 황제와 자웅을 겨룬 단군 이전의 우리 조상이라고 볼 수 있다.

황제 역시 치우에 대항하기 위해 칼을 만들었다고 역사는 기술하고 있다. 중국에서는 예로부터 우리 민족을 구리(九黎), 구이(九夷), 동이(東夷)라 했고, 후일 고구려도 구려(句麗), 고려(高麗)라 불렀다. 이는 한자로 된 그들의 표기이며 원래는 구리(九黎)와 연관된 우리의 지역이나 지칭이 와전된 것이 아닌가 하는 추측도 든다.

여하튼 BC2600년경에 우리의 조상이 중국보다 먼저 칼을 만들었다는 것은 시사하는 바가 크다. 적어도 우리는 칼에 관해서는 중국이 아닌 중앙아시아에 그 연원을 두고 있다고 믿기 때문이다. 실제로 메소포타미아 지역에서는 이보다 천 수백 년 이전에 이미 청동검이 사용된 것이 실물로 증명되고 있다. 다만 치우가 실제로 칼을 만들었다는 증거는 현재 아무것도 없다. 그러나 어떤 경로를 통해서든 금속제 무기를 들여와 사용했을 가능성은 역사적인 시차로 보아 가능하다 할 것이다.

다음은 소위 군자국(君子國) 사람들은 의관을 갖추고 칼을 차고 다녔다는 기록인데 BC900년경에 요령지방에서 나타난 비파형동검으로 보아 이때는 이미 매우 발달한 금속무기를 우리의 조상들이 사용하고 있었음이 사실로 증명된다.

BC400년경에는 청동검과 함께 철제도검이 출현하였고 BC200년경에는 환두대도로 특정 지어진 우리의 칼을 매우 신중하게 다루었으며 함부로 싸우지 않고 또 싸움이 있어도 굴복한 자를 함부로 처단하지 않고 예로 대우했음으로 보아 칼의 문화가 예로부터 높은 수준에 있었음을 알려주고 있다. 이러한 전통은 무사의 덕목으로 우리 사회에 뿌리를 내려 계승되어 왔으니 양만춘과 당태종, 연개소문과 김춘추, 계백과 관창 등의 예에서 확연히 나타난다. 이것이 바로 우리 고유의 선인(仙人), 풍월도(風月道)사상의 근본이며 우리들 무도정신의 밑바탕이라 할 것이다.

삼설총의 문지기 벽화: 중무장 갑옷에 장창, 환두대도를 찬 모습이 고구려 중장기병의 전형적인 모습이다.

고구려는 그 시조인 동명성왕 때부터 칼을 신표로 삼은 기록이 전해져 온다. 그가 남긴 부러진 칼을 가지고 찾아온 유리왕과의 해후가 그것이다. 유리왕은 이와는 반대로 그의 아들 해명태자가 아버지의 뜻을 거슬렸다 하여 칼을 내려 자살케 했다. 그러나 해명은 부왕의 뜻대로 목숨은 바쳤으나 칼을 사용하지 않고 창을 땅에 거꾸로 박아놓고 달리는 말에서 뛰어내려 스스로 찔리는 방법으로 죽음을 택했다. 이는 어떤 의미를 갖는 것일까?

괴유(怪由)는 대무신왕 때 사람으로 전쟁터에서 말을 타고 있는 부여왕의 목을 베었다고 했다. 한 나라의 왕은 그 호위가 삼엄했을 텐데, 비록 부여왕이 불리한 처지에 빠졌다고 하나 목을 베었다는 사실은 괴유의 검술이 뛰어났음을 말하는 것이며, 이로 미루어 고구려 무사들의 검술이 어떠했던가를 짐작할 수 있다.

고구려는 초기부터 각 부에 조의선인(皀衣先人)이 있었는데 이들이 바로 무사집단이며 주로 검은 옷을 입거나 검은 띠를 둘러 신분을 표시하였다. 현재 검도의 유단자가 검은 도복을 입거나 검은 띠를 매는 것이 어쩌면 고구려 때부터의 유습인지도 모른다. 중국의 삼국시대에 남쪽의 오(吳)나라와 고구려가 외교관계를 가지고 조조(曹操)의 위(魏)나라를 상호견제 하였는데 이때 오나라에서 온 사신을 강동(江東)까지 조의선인이 경호해준 기록이 중국의 문헌에 있는 것으로 보아 이들이 검술이나 여타 무술에 고수였다는 것 또한 분명하다.

고구려는 또한 궁벽한 시골마을에도 경당(扃堂)을 두어 청소년의 무술훈련과 마을의 공동 방어터로 삼아 전쟁에 대비해 왔다.

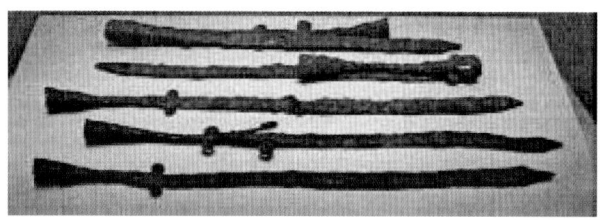

철제투검창: 기원후 4세기, 경주 구정동 출토, 국립경주박물관 소장.

백제는 고구려와 같은 계통의 뿌리를 갖고 있으며 무령왕의 칼이 증명하듯 환두대도를 계승, 발전시켜 초리부터 가야와 함께 일본에 검과 그 기술을 전파시킨 장본인이다.

특히 국가기관에 도부(刀部)를 두어 특별히 칼을 제조하였으며 병법자(兵法者: 검술사범)가 일본으로 이주해간 기록이 「일본서기」에 남아 있을 정도로 긴밀한 관계를 맺어왔다.

신라는 역사적으로 취약한 후진국이었으나 옛 풍월도 사상을 크게 일으켜 삼국을 통일하였으며, 특히 화랑도(花郞徒)에게 격검을 필수로 수련시켜 칼의 문화가 크게 부흥된 나라였다. 본국검법(신라검법)의 유래도 이 당시에 기인한다.

대도: 통일신라시대 칼로 추정되는 창령 출토

칼은 고구려의 환두대도를 이어받아 민고리칼로 시작되었으나 가야를 병합하면서 작은 칼이 들어 있는 모자도(母子刀)등 다양하고 실용적인 형태로 발달하였으며, 장식도 화려하여 손잡이나 칼집을 상어껍질이나 자단(紫檀), 대모(玳瑁)에 금은으로 치장하는 등 매우 정교하고 예술성이 뛰어나 세계 최고의 수준이었다 할 것이다.

또한 목검(木劍)을 사용한 증거가 부장품을 통해 알려진 것도 중요한 뜻이 있다. 이것은 조직적인 훈련이 이루어졌음을 실물로 증명해주는 것으로 현대 검도의 원형적 근거로도 큰 가치가 있다.

모자환두대도: 1995년 당시 의성군 학미리 1~3호분에서 출토된 은장 상엽

이제까지 발굴된 가야와 삼국의 고분에서는 거의 예외없이 칼이 부장품으로 나타나고 있는 것으로 보아 우리는 여러 가지로 당시 칼의 문화를 알 수 있게 된다.

첫째는 무사계급이 지배자의 위치에 있었으며, 그들은 칼을 분신처럼 휴대하고 있었음을 알 수 있다.

둘째는 그들이 아끼던 칼이 지위에 다라 여러 가지 형태로 구분되고 있었으며 특히 환두의 모양에서 이를 확인 할 수 있다.

셋째는 AD6세기까지는 환두대도가 직도로 존속되고 있었다. 다만 출토품은 완형의 것이 없어 칼날의 평(平), 절(切), 능(夌)을 구분할 수는 없다.

고대검술의 역사는 검의 형태에 따라 변화하여 초기 청동기시대에는 주로 찌르는 기술에서 시작하여 철제 도검이 발전하면서 찌르는 기술에서 베고 치는 기술로 발전하게 되었으며, 칼은 길이가 거의 1m까지 길어졌으나 그 무게나 슴베와 칼 몸의 비례로 보아 한 손으로 사용한 것이 분명하다.

삼국의 칼은 AD300년경에는 담금질의 기능이 매우 발전하여 극강의 칼날을 만들게 되고 이후 중국은 물론 멀리 중동까지 수출한 기록이 있으며 일본은 전적으로 우리 칼에 의존하고 있었음은 그들의 문헌이나 그들이 수장하고 있는 실물들이 여실히 증명하고 있다. 현재 일본의 정창원(正倉院)에 보관되어 있는 성덕태자(聖德太子)의 칼이라고 전해지는 금은전장태도(金銀鈿莊太刀)나 병자초림검(丙子椒林劍), 칠성검(七星劍)등이 좋은 본보기가 되고 있다.

2) 중세

신라가 삼국을 통일한 내를 전후하여 칼의 형태와 제작기술에 큰 변화가 있었던 것으로 추측된다. 다만 우리 나라에는 당시의 실물이 거의 없어 확실치 못하다. 그러나 일본의 정창원(正倉院) 소장물이나 진보장의 기록을 참고하면 그 대략을 알 수 있어 이때부터를 검도사의 중세로 잡아 본 것이다.

백제는 특별히 도부(도부)라는 별도의 부서를 두고 있었고 일찍부터 칠지도와 같은 특강의 도검을 만들어 일본 능지로 보낸 것으로 미루어 삼국 중에서도 가장 뛰어난 도검을 제작한 것으로 생각된다. 백제가 망하고 신라가 백제왕 부여풍(扶餘豊)의 보검을 얻었다고 기록한 예를 보아도 이를 확인 할 수 있다.

일본의 진보장(AD755년) 기록에 의하면 당시에는 정창원에 모두 100자루의 대도(大刀)가 있었다고 한다. 그러나 현존하는 정차원 소장품은 모두 55자루이며 이 중 진보장에 기록된 것은 단 1자루뿐이다. 나머지는 언제 정창원에 입고되었는지 확실치 않으며 도검의 명칭도 명치(明治)때 정해진 것이다.

진보장의 대도 100자루는 당대도(唐代刀) 13자루, 당양대도(唐樣大刀) 6자루, 고려양대도(高麗樣大刀) 2자루, 흑작대도(黑作大刀) 41자루 등인데, 거의 모두가 금은으로 장식된 뛰어난 예술품이다. 특기할 것은 칼집에 달린 염색된 가죽끈은 당시 일본에서는 만들 수 없었던 것이며 칼을 넣어 둔 주머니가 거의 모두 고려금(高麗錦)이란 것이다. 또한 '당(唐)'이란 글자의 일본 발음은 '가라'로서 우리나라를 뜻하는 한(韓)이나 가야(伽耶,加羅)의 일본발음인 '가라'와 같다. 이것은 일본이 한국에서 받은 영향을 배제하려는 속셈에서 '한'이나 '가야'를 후일 당(唐)이나 공(空)이란 글자를 사용하여 바꾸어 놓은 것이다.

이 당시에 칼은 중국에서 만들고 칼 주머니는 한국에서 만들도록 그렇게 국제적으로 통상이 진행되었다고 믿는 사람이 있는가?
당연히 칼을 만든 나라에서 칼집의 끈도 달고 칼 주머니도 만드는 게 순리이며 일본에서 만들었다는 다른 명칭의 칼도 주머니는 거의가 고려금으로 되어 있다면 사실은 명백히 들러나는 것이다.

한마디로 7, 8세기에 이러한 칼을 제작할 수 있었던 나라는 우리의 3국뿐이며 중국도 이에 미치지 못했거늘 하물며 일본이야 말할 것도 없다. 다만 이 칼들이 고구려 것인지 신라 것인지 혹은 백제 것인 아니면 세 나라의 것이 두루 섞여 있는지 등은 후일 연구의 대상이다. 현존하는 정창원의 대도 역시 거의가 금은(金銀)

으로 전장(鈿莊)된 고도의 예술품이며 일본제품으로 보기는 어려운 칼이 대부분이다. 문제가 되는 것은 칼날의 형태이다. 언제부터 칼날이 휘어져 곡도(曲刀)가 되었는가 하는 점인데, 신라의 김유신장군이 천관의 집 앞에서 애마(愛馬)의 목을 베었다는 칼은 곡도가 아니었을까하는 심증이 간다. 말의 목 정도를 벤다는 것은 칼날이 휘어 있다는 증거로 볼 수 있기 때문이다.

중국의 수, 당과 치열한 싸움을 벌인 고구려나 백제, 신라가 거의 비슷한 무비(武備)의 경쟁으로 생존을 위한 처절한 전투를 벌이던 당시의 무기들은 현재를 사는 우리의 상상을 초월하는 것이라고 보아도 좋을 것이다. 또한 정창원 소장품 중에 5자루는 능인(稜刃)으로 그 이전에 이미 곡도가 출현하였음을 알게 하는 중요한 단서가 되고 있다. 아쉬운 것은 이를 실증할 수 있는 칼들이 현재 우리에게는 없다는 것이다.

「삼국사기」에는 신라 원성왕 때 대사(大舍) 무오(武烏)가 병법 15권을 만들어 왕에게 바쳤다고 했다. 삼국통일 후 얻은 여러 자료를 바탕으로 새로운 병법서를 집필한 것이며 이 안에 우리의 무예에 관한 내용이 상당량 기록되어 있었을 터이니 책은 이름만 전해질 뿐 현존하는 실물은 없다.

AD9세기에는 많은 신라인들이 당나라에 가서 무예로 이름을 날렸는데 그 대표적인 인물이 장보고(張保皐)였다. 그는 후일 동양삼국의 해상권을 잡아 세력을 떨치기도 하였다. AD10세기 신라가 고려에 흡수되면서 주전파인 다수의 화랑(무장세력)들이 일본으로 이주해 간 것으로 보인다.

이때를 마지막으로 많은 도검과 그 기법이 새롭게 일본에 전파되었으며 이로 인하여 일본의 권력체계에도 큰 변화가 있었던 것으로 생각된다.

한편, 후백제를 세워 고려 태조 왕건의 가장 강력한 적수였던 견훤이 아들의 이름을 신검(神劍), 양검(良劍), 용검(龍劍)이라 하여 검(劍)자를 돌림자로 삼은 것을 보면 칼은 이들에게 특별한 의미가 있었던 것으로 보이며 우리의 관심을 끄는 또 다른 연구과제이기도 하다.

고려에 들어와 혜종(惠宗)때인 945년에 다량의 도검을 중국에 보낸 기록이 나온다. 그 양도 수백자루에 달해 고려 역시 초기에는 신라의 도검제작술을 이어받아 전승 발전시키고 있었음을 알게 해준다.

이 당시의 도검들 중 큰 칼은 모두 정창원 소장품과 같은 금은장(金銀莊)으로 도신에 별과 구름 등을 상감(象嵌)한 것으로 그 명칭이나 내용이 유사한 것을 알 수 있다.

고려는 11세기 각도 병마사에게 필독서로 「김해병서」란 병법서를 내렸으며, 12세기 초에는 국학에 무학재(武學齋)를 설치하여 무예를 권장했다. 정중부의 난 이래 무신정권이 탄생하여 근 100년간 고려는 전국시대와 같은 양상을 띠게 된다.

도방(都房)에서 정치가 이루어지고 사병집단(私兵集團)이 횡포를 부리고 사사(死士)와 같은 결사대의 조직이 생기며 중앙에서는 피비린내 나는 칼싸움이 연일 계속되고 지방에서는 민란이 일어나고 도적들이 창궐하여 민심이 흉흉하였다. 그러나 이런 와중에서는 무술이 우대를 받게 마련이라 이때에 고려에서는 오병(五兵), 수박희(手搏戲)등이 크게 유행하게 되었다.

13세기에 고려는 몽고와 연합하여 일본을 정복하려고 군사를 보냈으나 태풍으로 실패하였다. 이때 김방경(金方慶)의 선봉인 한희유(韓希愈)는 칼로 왜적 수 명의 목을 베었다고 고려사는 기록하고 있다.

14세기에는 재추(宰樞)이하 각 사령에 이르기까지 활과 칼등의 개인장비를 점검하였는데 이것으로 보아 모든 벼슬아치들은 각자 활과 칼을 반드시 지참하여야 했으며 이에 따라 그 기법도 지속적으로 훈련하고 있었음을 알 수 있다.

고려 말 이성계는 남부지방에 출몰하는 왜구의 토벌에 큰 공을 세웠는데 선 자리에서 왜구 여섯 명을 쳐 베었다는 기록으로 미루어 이성계는 명궁이었을 뿐만 아니라 칼에도 명인이었던 것을 알 수 있다. 그러나 중세이후 칼을 만드는 기술은 도리어 일본이 앞서게 되었으며 한국과 중국이 모두 좋은 칼을 일본에서 수입하는 실정이었다.

3) 근대

조선 초기에는 무예를 장려하여 신라 때의 격검과 유사한 교육적 훈련이 궁에서 시행되었으며 특기할 것은 궁중에서 종친(宗親)과 문무관(文武官)사이에도 이러한 격검이 유행하였고 왕이 친히 시열(試閱)한 예도 많았다. 격봉, 격검에는 일정한 규칙이 있어 현대 검도경기의 초기적 태동이 있었다고 할 것이다.

태종은 목창과 목검, 목정(木鋌)을 쓰는 갑사(甲士)와 방패군(防牌軍)의 각투(角鬪)를 시열 하였으며 세종은 목검과 목극(木戟)으로 겨루는 단병접전의 교습을 관람하기도 하였다.

이당시 이첨(李詹)은 경주에서 「본국검법」의 실연을 직접보고 이에 대한 자신의 역사적 소견을 피력한 내용이 「동국여지승람」에 기록되어있다. 또한 이 책에는 서거정을 비롯한 많은 문인들이 황창랑에 관하여 쓴 시문이 있어 이때만 하여도 신라의 「본국검법」이 어떤 형태로든 계승되고 있었음을 알게 해준다.

문종 때는 「동국병감(東國兵鑑)」이 단종 때에는 「역대병요(歷代兵要)」가 발간되었고 세조는 특히 무예에 관심이 깊었던 분으로 알려져 있다. 그는 갑을창(甲乙槍), 봉희(棒戱)와 같은 무예정기의 승장에게 환도를 하사하기도 했다.

세조9년 7월에는 경복궁 내 경회루에서 각계 9인의 삼갑전법(三甲戰法)을 거행하였는데 이는 요즘으로 치면 각 팀 9인조의 리그전과 같은 것이다. 한 팀이 9명씩 세 팀을 갑, 을, 병으로 정하고 갑-을, 을-병, 병-갑이 싸워 2전2승, 2전1승 등으로 순위를 정하는 경기적 교습이다.

경기방식은 현대검도와 같은 개인전으로 9인 중 5인이 이기면 그 팀이 1승을 얻은 것으로 하였을 것이다. 확실치는 않으나 경기자는 신체를 보호하기 위하여 호구를 사용한 것 같은데, 손목에는 전투용 토시를 끼고 머리에는 가벼운 투구를 쓰고 몸통에는 미늘갑옷에 겉에는 흰 천을 덧대어 착용하고 끝에 붉은 칠을 한 목검이나 봉을 병기 대신 사용하여 격자기법을 겨루는 방식으로 북을 쳐서 신호를 삼고 제한된 시간 내에 누가 많이 상대의 몸통(흰 천을 덧댄 부분)에 붉은 점을 찍었는가로 승부를 가르는 것이다. 또 다른 것으로는 대나무 창을 이용한 경기인데 대나무 끝을 예리하게 한 것이 아니라 통대로 된 요즘의 죽도와 같은 봉으로 서로 치거나 찔러서 승부를 결하는 방법으로 요즘의 검도경기와 매우 흡사한 것으로 추측할 수 있다.

만약 이러한 무예적 경기가 계승 발전하였다면 현재의 검도가 우리 손에 의해 스포츠화 될 수 있었으리라 생각되어 큰 아쉬움으로 남는다. 더구나 세조 이후 근 한 세기 반 동안 조선은 무예를 게을리한 탓에 선조 때에는 일본의 침입을 받아 임진왜란의 화를 입게 되었다. 이 당시의 조정은 매우 혼란에 빠져 제 것도 찾지 못한 채 허겁지겁 중국 척계광의 「기효신서」를 빌어 군사훈련용으로 한교의 「무예제보」를 만들게 된다. 이런 와중에서도 충무공은 태귀련, 이무생을 시켜 질 좋은 환도를 만들었으며 각 수군절도사 등에게 이를 나누어 주기도 하였다. 17세기에는 병자호란이 있었으며 인조는 무예청을 설치하였고 효종은 북벌을 계획하여 무재(武才)를 적극 장려하였다.

숙종 때는 내원(內苑)에서 훈국(訓局)의 왜검수기예(倭劍手技藝)를 시열 하기도 하였다. 이때의 것이 바로 「무예도보통지」에 기록된 왜검보(倭劍譜)이다. 영조는 격자지법을 크게 진작시켰고 사도세자로 하여금 「무예신보」를 만들게 하여 조선의 18반무예가 정립되었다.

그 후 정조는 18반무예에 6기를 더하여 1790년에 동양무예의 집대성인 「무예도보통지」를 발간하게 된 것이다.

19세기에 들어와 순조는 장용영(壯勇營)을 폐지하고 병기의 사사로운 제조와 매매를 금지하였는데 이후 조선은 다시 무예의 정체기에 접어들게 된다.

고종 때는 삼군부(三軍府)를 설치하고 춘당대(春塘臺), 경무대(景武臺)등에서 무과시험을 치러 고종연간에 무과급제자가 1만2천명을 넘은 것으로 미루어 고종은 당시의 국내외 정황을 인식하고 군을 강화하려고 부비에 비상한 관심을 기울였던 것으로 생각된다.

1888년에는 내무부에 연무공원직제절목(鍊武公院織制節目)을 제정하였고 1891년에는 고종이 응무당에서 무예를 시열 하였다. 1896년은 개국505년으로 이 해를 건양(建陽) 원년(元年)으로 하고 무관학교를 설립하였으며 경무청에서도 격검을 교육하였다.

1904년에는 육군연성 학교에서도 검술(격검)을 교과로 채택하였으며 1308년에는 한국과 일본 간에 최초의 경찰관격검대회가 열렸다. 같은 해 9월에 무도기계체육부(武道機械體育部)라는 단체가 생겨 일반국민을 대상으로 최초의 사회체육을 시도하였는데 여기에도 격검이 한 종목으로 들어 있었다.

이로 미루어 1880년 후반부터 격검이 연무의 한 과목으로 군과 경찰에서 시작된 것으로 보이는데 장비와 연무방식은 일본이 새로 개발한 것을 받아들인 것이다. 이는 조선 초기의 격검사실과 일맥상통하는 선상에서 이해가 필요한 것이다.

1916년에는 사립 오성학교 등에서 검도(1910년경 명칭이 격검에서 김도로 바뀐다)를 지도하였고, 1920년 조선체육회가 발족된 후 1921년에는 조선무도관이 창립되어 사설도장에 체육에 전과로 채택되었으며 1935년 제16회 전조선체육대회(현재의 전국체육대회 전신)부터는 검도가 정식종목으로 되었으나 일제의 강압에 의해 조선 체육회는 해산되고 말았다. 그리고 1945년 광복을 맞게 된 것이다.

이 땅에서 새로운 격검경기(검도)가 시작된 것은 대부분의 다른 경기와 마찬가지로 일제 강점기였다. 그러나 격검의 뿌리는 우리의 역사가 증명하고 있는 것과 같이 멀게는 고조선시대부터 가까이는 조선왕조에 그 연원을 두고 있다. 1880년대부터 광복까지 근 60여 년간 역사의 의미를 알든 모르든 간에 검도를 배운 이 땅의 검도인은 줄잡아 10여 만 명, 이들이 광복 후 새로운 현대 스포츠로서의 검도발전에 초석이 된 것이다.

■ 무오병법(武烏兵法)

武(무인 무) 烏(까마귀 오) 兵(군사 병) 法(법 법)

통일신라 원성왕(元聖王)2년(786년) 대사 무오(武烏)가 병법(兵法)15권과 화령도(花鈴圖)2권을 왕에게 바쳤다 하여 무오검법이라 불렀으며, 삼국사기에 기록되어 있으나 아쉽게도 소실되어 아직까지 전해지지 못하고 있다.

• 화령도(花鈴圖) : 전투에 임했을 때 군대를 움직이는 병법 또는 진법

■ 김해병서(金海兵書)

金(성 김) 海(바다 해) 兵(군사 병) 書(쓸 서)

고려사에 1036년(정종2년) 8월 서북로 병마사가 왕에게 아뢰기를 김해병서(金海兵書)는 무략(武略)의 요결(要結)이오니 청컨대 연변의 주진(主鎭)에 각각 한 책씩 하사 하소서 하니 왕이 이를 따라 행했다는 기록이 보인다.

김해(金海)는 연개소문의 자(字)이며 김해병서를 지었다고 주장한 학자는 신채호이다.

그에 의하면 연개소문의 병법이 동서고금에 뛰어 났으며 김해병서를 저술 하였는데 이 책을 고려 때 까지도 병마 절도사가 지방에 부임 할 때는 한 벌씩 하사되었다.

신채호의 조선상고사(朝鮮上古史)에 의하면 연개소문은 이 병서로 당나라의 명장 이정을 가르쳤으며 무경칠서(武經七書)의 하나인 이정이 저술한 이위공병법(李衛公兵法) 원본에는 이정이 연개소문에게 병법을 배운 이야기를 자세히 쓰고 연개소문을 숭앙한 구어가 많았다고 한다.

또한 당태종이 이정과 병법에 관해 나눈 대화를 기록하게 하여 이위공문대(李衛公問對)란 병서가 만들어 졌다.

그리하여 딩, 송나라 사람들이 이를 수치로 여기 그 병서를 없앴다고 한다.

- 저자 : 연개소문(618~665년)
- 무략(武略) : 군사상의 책략
- 요결(要結) : 중요한 결과
- 주진(主鎭) : 군대가 주둔하고 있는 군사적 지방 정책 구역
- 무경칠서(武經七書) : 중국의 7가지 최고병서

- 출처 : 한국민족문화대백과

■ 기효신서(紀效新書)

紀(벼리 기) 效(본받을 효) 新(새 신) 書(쓸 서)

1560년 명나라 장수 척계광(戚繼光)이 절강현 참장으로 있을 때 왜구를 소탕하기 위하여 편찬하였다.

권1 속오편(束伍編)으로부터 권18 치수병편(治水兵編)에 이르는 총 18권으로 권법, 기창, 죽장창, 당파, 낭선, 곤봉, 편곤 등 다양한 무기술과 전술을 기록한 병서이다.

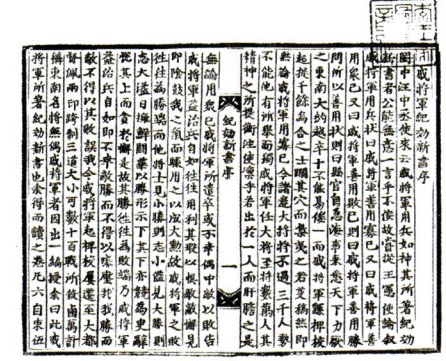

- 출처 : 두산백과

■ 무예제보(武藝諸譜)

武(무인 무) 藝(기예 예) 諸(모두 제) 譜(계보 보)

1598년 한교가 왕명으로 명나라의 기효신서(紀效新書)와 병서들을 참고하여 무예6기(대봉, 등패, 낭선, 장창, 당파, 장도)를 제조와 조련법을 사병이 쉽게 이해 할 수 있도록 글과 그림을 함께 설명한 병서이다.

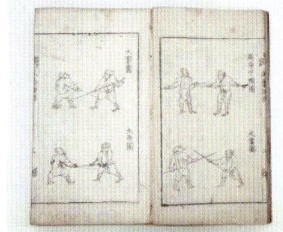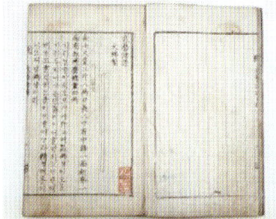

- 한교(韓嶠 1556~1627)

조선중기의 문신으로 한명회의 5대손이며 문무를 겸비하였다.

1592년(선조25) 임진왜란이 일어나자 의병을 일으켜 왜적을 토벌 하였으며 그 공을 인정받아 유성룡의 추천으로 훈련도감(訓鍊都監) 낭관(郞官)에 임명되어 명나라 진중에 자주 왕래하면서 척계광(戚繼光)의 기효신서(紀效新書)를 익힌 교사 허유격을 통해 사사 받았으나 그 기법이 방대하여 다 익히지 못하였고 무예6기를 완성하여 글과 그림을 풀이하여 사병들이 쉽게 이해하고 익힐 수 있도록 무예제보를 편찬하였다.

- 훈련도감(訓鍊都監) : 조선시대 수도의 수비를 맡아보던 군영
- 낭관(郞官) : 조선시대 정5품 정랑(正郞)과 정6품 좌랑(佐郞)을 두었는데 이를 합칭하여 낭관(郞官) 또는 조랑(曹郞)이라 하였음

- 출처 : 무예문헌자료집성

■ 무비지(武備志)

武(무인 무) 備(갖출 비) 志(뜻 지)

1621년 명나라의 장수(모원의)가 15년 동안 고금의 병서 2천여 권을 연구, 검토, 정리하여 만든 240권의 병법서로 다양한 무기술과 병법을 함축하여 집필한 병서이다.

모원의는 검 쓰임을 조선에서 얻었다 하였고 무비지(武備志)에 24개 동작을 수록하였으며 이를 조선세법(朝鮮勢法)이라 하였다.

무비지(武備志)에 수록된 삽화는 양손으로 사용하는 긴 양날 검 이었다.

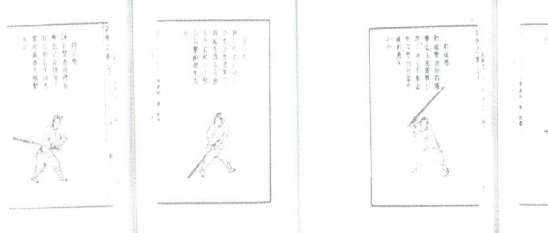

■ 무예신보(武藝新譜)

武(무인 무) 藝(기예 예) 新(새 신) 譜(계보 보)

1759년 사도세자가 모든 정사를 대리하였으며 군권 강화를 위해 기존 무예제보(대봉, 등패, 낭선, 장창, 당파, 장창)에 12가지 기예무예(죽장창, 기창, 예도, 왜검, 교전, 월도, 협도, 쌍검, 제독검, 본국검, 권법, 편곤)를 추가하여 편찬한 무예서이다.

아쉽게도 기록은 남아 있으나 자료는 소실되어 아직까지 발견되지 않고 있다.

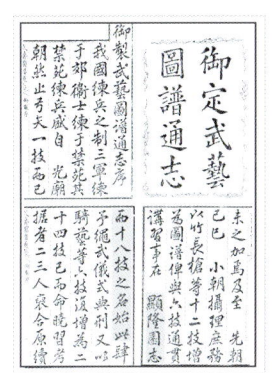

- 출처 : 대권도 용이 정보사전

■ 무예도보통지(武藝圖譜通志)

武(무인 무) 藝(기예 예) 圖(그림 도) 譜(계보 보) 通(통할 통) 志(뜻 지)

1790년 조선 제22대 정조 대왕이 직접 편찬을 지시하여 당대 동아시아 모든 무예를 국가적 차원에서 집대성한 4권의 무예서이다.

무기에 대한 상세한 설명은 물론 칼과 창, 권법, 마상무예까지 24기의 무예를 담고 있으며 글로 된 설명과 함께 그림으로 표현한 것이 특징이다.

무예도보통지(武藝圖譜通志)의 편찬은 규장각(奎章閣)과 장용영(壯勇營)이 주도 했다.

규장각(奎章閣) 초계문신 박제가와 이덕무 그리고 장용영(壯勇營)의 무관 백동수가 편찬에 참여했다. 이들은 서얼출신으로 학문과 무예를 겸비 하였으며 이덕무와 박제가가 글을 담당했고 도화서의 화원들이 백동수의 무예동작을 세세하게 그려냈다.

아버지 사도세자가 무예18기(무예신보)를 편찬하였고 기병무예 6기를 더해 24반 무예(무예도보통지)가 완성되었고 조선의 공식 무예서가 되었다.

아쉽게도 정부의 안일한 대응으로 2017년 조선민주주의 인민공화국에 의해 유네스코 기록유산으로 등재된 세계 최초 무예서이다.

- 도보(圖譜) : 도(圖)는 그림을, 보(譜)는 글로 된 정보를 뜻함
- 규장각(奎章閣) : 왕실도서관, 예술, 역사자료실
- 장용영(壯勇營) : 왕과 궁궐을 지키는 호위군대
- 초계문신(抄啓文臣) : 규장각에 특별히 마련된 교육 및 연구과정을 밟던 문신

- 출처 : KBS 천상의 컬렉션

■ 언해본(諺解本)

諺(상말 언) 解(풀 해) 本(근본 본)

1790년(정조14)에 정조의 명으로 만들어진 무예도보통지(武藝圖譜通志)를 한글로 된 4권 4책을 별도로 묶어 한글로 된 목판본을 편찬하였다.

보병무예 18기와 마상무예 6기를 더한 24반 무예 동작을 하나하나 알기 쉽게 그린 그림에 언문으로 제작하여 일반 백성들도 쉽게 보고 익힐 수 있게 하여 무예지식을 널리 보급하고 알렸으며 신분에 상관없이 무과 등용의 길을 열었다.

언해본(諺解本)을 통해 백성들의 지식과 건강, 전국안정, 왕권 확립을 위한 정조의 시대정신이 녹아 있었다.

- 언해(諺解) : 중국어 곧 한문을 한글로 번역하는 일

- 출처 : 국립민속박물관

■ **예도** (조선세법:朝鮮勢法)

朝(아침 조) 鮮(고울 선) 勢(형세 세) 法(법 법)

조선세법(朝鮮勢法)이라는 검법이 처음 소개된 책은 1621년 명나라의 장수 모원의가 쓴 무비지이다.
무비지(武備志)란 중국의 모든 병서 2천여 권을 참고하여 만들어진 것으로 그 분량이 240권이나 되는 방대한 무예서이다.

그중 84권부터 92권까지 교예편으로 여기에 검법은 단 하나만 들어 있는데 그것이 바로 조선세법(朝鮮勢法)이다.

모원의가 말하기를 근자에 호사자(好事者)가 조선에서 검법을 얻었는데 그 법이 구비되어 있다.
본국(명나라)에서 잃은 것을 조선의 사예(四藝)에서 찾은 것이라 했다.
본국의 역대 병법서 2천여 권을 뒤져 보아도 제대로 갖추어진 검법이 없었는데 잃었던 본국의 검법을 조선에서 찾았다 하며 기뻐하였다.

모원의가 기록하기를 조선에서 얻었다 하여 조선세법(朝鮮勢法)이라 하였다.

- 무비지(武備志)에는 거정세에서 횡충세까지 24세의 각각 독립된 자세와 독특한 검법으로 기록되어 있다.
- 무예도보통지(武藝圖譜通志)에는 24세이외에도 태아도타세, 여선참사세, 양각조천세, 금강보운세 등 4가지 세가 추가되어 총 28세로 되어있다.

- 무비지를 보기 전에는 이미 예도(銳刀)라 하여 총도의 그림처럼 연결된 동작의 검 법을 별도로 만들어 나름대로 하고 있었던 것으로 전해지고 있다.
- 호사자(好事者) : 그 일에 관심이 많은 사람(무예병서 수집가)
- 사예(四藝) : 거문고, 글씨, 그림, 바둑의 네 가지의 예술분야

- 조선(朝鮮) : 태조~순종(1392년~1910년) 27대
- 조(祖) : 나라를 세웠을 때, 공이 높고 많을 때
- 종(宗) : 덕이 많을 때, 부자간의 왕위 계승을 했을 때, 세자가 임금이 되었을 때
- 군(君) : 폐위 되었을 때

■ 고후점-예도(銳刀)마지막 전수자

영조10년(1734년) 10월 8일 송정원의 기록에 예도가 고만흥의 아버지 고후점으로부터 비롯된 것으로 기록되어 있다.

고후점이 어떻게 예도를 배웠는지는 알 수 없다고 하였는데 아마도 고후점이 밝히지 않고 사망한 탓으로 여겨진다.

기록에 의하면 고후점의 검술이 기이하여 훈련도감에서 교습하도록 하였으며 당시 80여 인이 수련하였다고 서술되어 있다.

고후점은 큰아들 고만흥과 둘째아들 고만세를 두었으며 몇 년도의 태생인지 기록에 남아 있지 않으나 훗날 둘째아들 고만세가 영조4년(1728년)에 치른 무신별시 문, 무과의 병과에 48세라는 늦은 나이에 합격하였다.

따라서 1681년에 태어난 아들 고만세보다 한 세대 즉, 약25~30년 전의 인물 이였다는 가정 하에 추정해 본다면 1650~1655년에 태어난 것으로 추정된다.

고후점의 최종관직은 종6품 무관 직인부사과였음이 확인된다.

- 출처 : 허인욱 무예전문위원

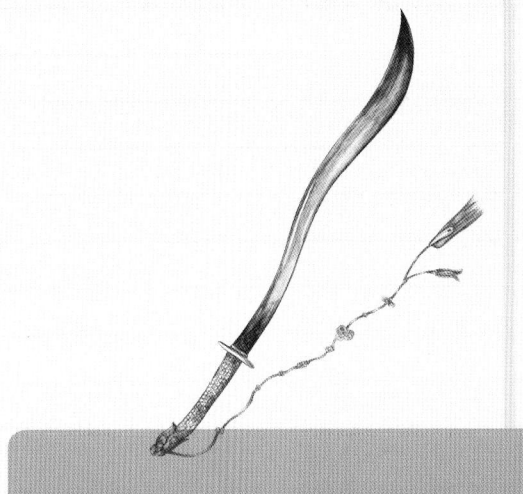

02. 도검의 종류

1. 용광검
2. 백제의 혼 칠지도
3. 도검의 종류
4. 검의 명칭과 의미
5. 검 무예 수련도
6. 검의 재원

1. 용광검 (龍光劍)

천자 해모수가 사용한 전설의 칼이다. 기록으로 보면 BC80년경으로 철기로 이루어져 있음을 알 수 있다. 길이는 80cm 정도이며 광채가 휘황하고 칼자루에는 용문양의 장식이 되어 있고 칼자루 끝에는 고리가 달려 있다. (훗날 장수들이 사용했던 보검을 용광검이라 부르기도 하였다)

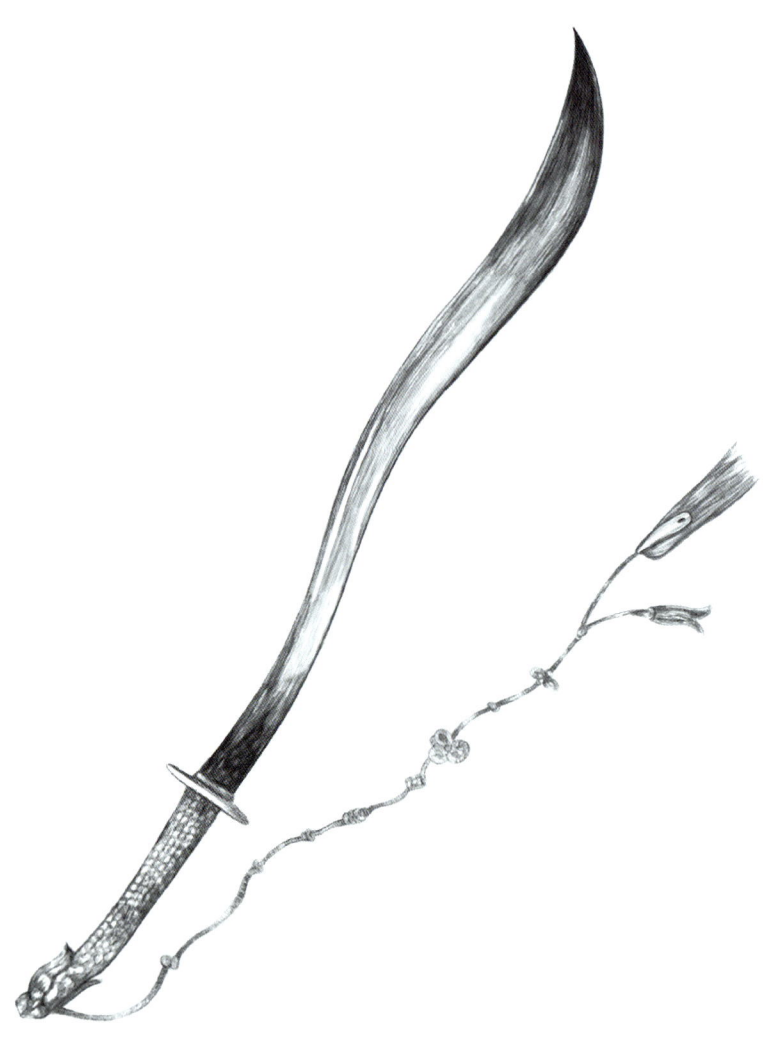

2. 백제의 혼 칠지도

　칠지도는 중심이 되는 칼날 1개와 좌, 우 3개씩 뻗어있는 칼날을 합치면 총7개의 칼날의 가지가 되기 때문에 칠지도라 하며 단철로 만든 양날의 칼로 전체길이는 74.9cm이고 칼날의 길이는 65cm이며 살상의 칼이 아닌 성스러운 의식이나 보물로 상징되는 칼이다.

　칠지도의 몸통 부분에는 앞면에 34자 뒷면에 27자의 글이 새겨졌으며 당시의 기술로는 상상할 수 없는 단조의 기법과 금상감의 조각기법으로 제작된 백제의 숨결을 고이 간직한 칠지도는 일본의 나라현 텐리시 이소카미신궁에 보관되어있다.

다음은 칠지도에 새겨진 글을 풀이한 내용이다.

- "369년 11월 16일 우리 백제는 무쇠를 백번 담금질하여 칠지도란 칼을 만들었다.
- 이 신성한 칼은 모든 외적을 물리칠 수 있는 힘을 지니고 있다.
- 백제의 왕이 특별히 왜왕을 위해 만든 것이니 후세에 길이 전하도록 하라"

3. 도검의 종류

◆ **비수** [匕(비수 비), 首(머리 수)]

칼집과 칼자루의 크기가 거의 같으며 날이 몹시 예리해 호신용으로 사용되었다.

◆ **단도** [短(짧은 단), 刀(칼 도)]

칼자루가 붙박이로 된 짧은 칼로 주로 찌르는데 쓰인다.
길이 28cm이내의 칼을 말한다.

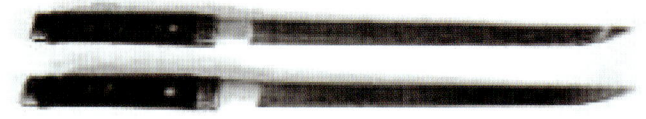

◆ **검** [劍(칼 검)]

병기 내지는 살상용 칼로써 곡선의 형태를 갖추고 있으며 찌름 위주로 사용 되었다.

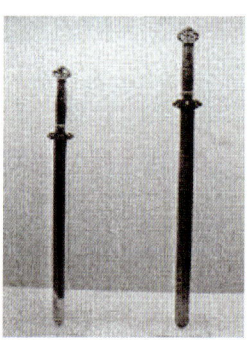

◆ **난도** [鸞(난새 난), 刀(칼 도)]

종묘에서 제물로 쓰는 산 짐승을 베고 끊는 칼인데 고리와 칼끝에 방울이 달려 있다.

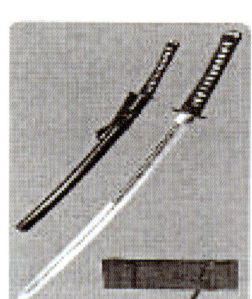

◆ **환도** [環(고리 환), 刀(칼 도)]

패용(착용)에 편리하게 하기 위하여 칼집과 고리가 있는 칼

◆ **패검** [佩(찰 패), 劍(칼 검)]

병기 내지 살상용 칼로써 우리말로 환도라고 한다.

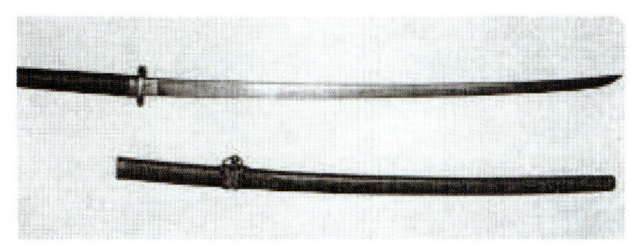

◆ **태조의 어도** [御(어거할 어), 刀(칼 도)]

태조가 직접 사용한 것이라고 전한다. 전체길이는 146cm이며 칼의 단면은 마름모꼴이고 검 자루 끝의 마구리장식에는 용의 머리(龍頭)가 조각되어있고 단청(丹靑)을 칠해 놓았다.

◆ **삼인검** [三(석 삼), 寅(셋째지지 인), 劍(칼 검)]

사인(四寅)가운데 하나가 빠진 삼인(三寅) 시각에 제작된 것으로 사인참사검(四寅斬邪劍)과 같은 용도로 제작되었다. 전체길이 130cm이며

검의 등대능각(脊部稜角)과 검자루(劍丙部)에 삼인검이라고 새겨져 있다.

◆ **사인참사검** [四(넉 사), 寅(셋째지지 인), 斬(벨 참), 邪(간사할 사), 劍(칼 검)]

조선시대(AD1392~1896)에 사인(四寅: 寅年, 寅月, 寅日, 寅時)의 시각에 맞추어 60년에 걸쳐 제작된 것으로 악귀(惡鬼)를 메는 벽사용(逐邪用)으로 제작되었다. 전체길이 134.5cm이며 검의 등대능각(脊部稜角)에 북두칠성(北斗七星)이 오목

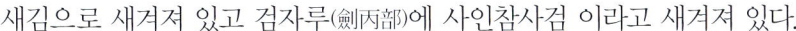

새김으로 새겨져 있고 검자루(劍丙部)에 사인참사검 이라고 새겨져 있다.

◆ **군도** [軍(군사 군), 刀(칼 도)]

칼집은 어피로 싸고 칠은 검은 칠을 하고 장식은 은 대신 황동을 사용한다.

◆ **신라본국검** [新(새 신), 羅(새그물 라), 本(근본 본), 國(나라 국), 劍(칼 검)]

모양은 쌍수도와 비슷하며 신라 때부터 전해온 우리나라의 칼, 속칭 신검 및 신라검이라 하며 그 무예는 신라의 황창의 소전이라고 한다.

◆ **제독검** [提(끝 제), 督(살펴볼 독), 劍(칼 검)]

모양은 쌍수도와 비슷하나 직도이다. 날의 길이 3자4치며 명나라 장수 이여송이 전하였다고 한다. 이것을 쓰는 무예를 제독검법이라고 한다.

◆ **이순신장군 검**

칼의 길이 197.5cm 무게 5.3kg으로 실전에 하용하기엔 무겁고 긴 장도이다, 이순신장군을 흠모하던 부하 태귀현과 이무생이 한쌍의 칼을 제작하여 바쳤다 한다.

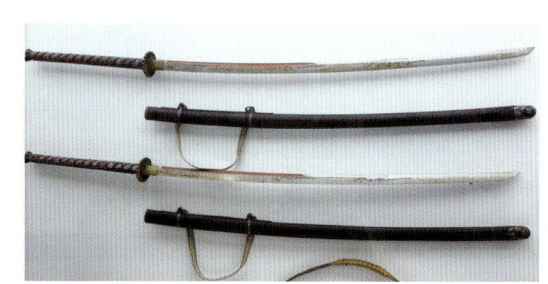

◆ **쌍수도** [雙(쌍 쌍), 手(손 수), 刀(칼 도)]

자루길이 1자5치, 날의 길이 5자, 한쪽에만 날이 있고 칼 등 쪽이 젖혀져 베기에 용이하게 되어 있으며, 날의 자루 쪽에 길이 1자의 구리로 된 동호인이 있다. 칼의 무게가 무거워 두 손으로 자루와 동호인을 잡고 사용한다.

◆ **운검** [雲(구름 운), 劍(칼 검)]

임금을 호위할 때에, 별운검이 차던 칼.

칼집은 어피로 싸고 주홍색으로 칠하며, 장식은 은을 썼다.

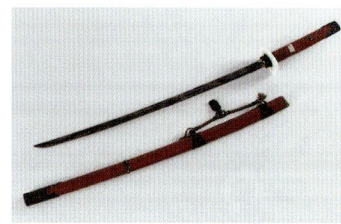

◆ 예도 [銳(날카로울 예), 刀(칼 도)]

본래는 단도라고 일컬음. 환도 또는 검이라고도 한다. 쌍수도와 비슷한 모양으로 자루의 길이 1자, 날의 길이 3자3치이다.

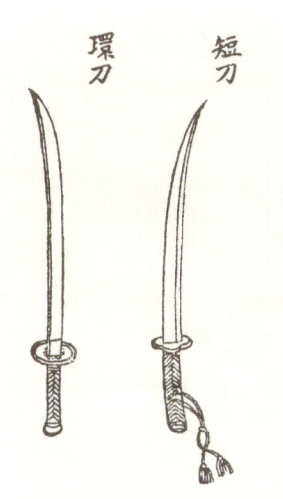

◆ 쌍검 [雙(쌍 쌍), 劍(칼 검)]

본래 자루의 길이 5치5푼, 날의 길이 2자5치이었으나 따로 만들지 않고 요도(腰刀)가운 데시 짧은 것을 택해시 쓴다. 이것은 양손에 하나씩 쥐고 쓰는 무예를 쌍검법이라 한다.

◆ 왜검 [倭(왜국 왜), 劍(칼 검)]

일본도라고도 함. 길이는 일정하지 않으며, 또한 크고 작은 두 칼을 함께 차고 쓰기도하며, 모양은 쌍수도와 비슷함.

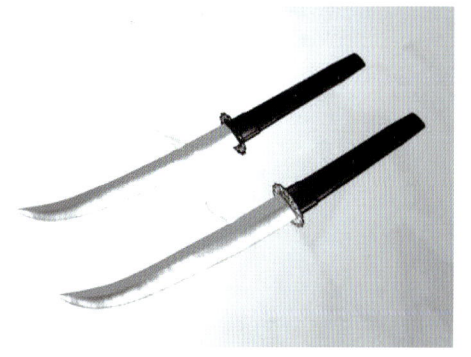

■ 도여 [刀(칼 도), 礪(거친숫돌 여)] : 칼과 숫돌

◆ 등패, 요도, 표

원패는 마병이 장패는 병사가 사용하였으며 손잡이가 짧은 요도와 표창을 함께 사용한 무예를 등패보라 한다.

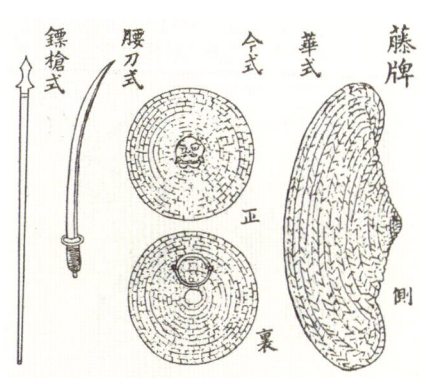

4. 검의 명칭과 의미

▶ **검부위별명칭:** 손잡이끝장식(물미투검), 손잡이(씀베), 방패(코등이), 고정장식(때쇠), 칼집고정 장식(동호인), 칼날몸체(도신), 칼등(기슬), 칼날(서슬), 칼끝(도첨), 홈(혈조)

▶ **명칭별 의미:** 손잡이(군주. 임금), 방패(신하), 칼몸체(백성), 칼등(하늘), 칼날(땅).

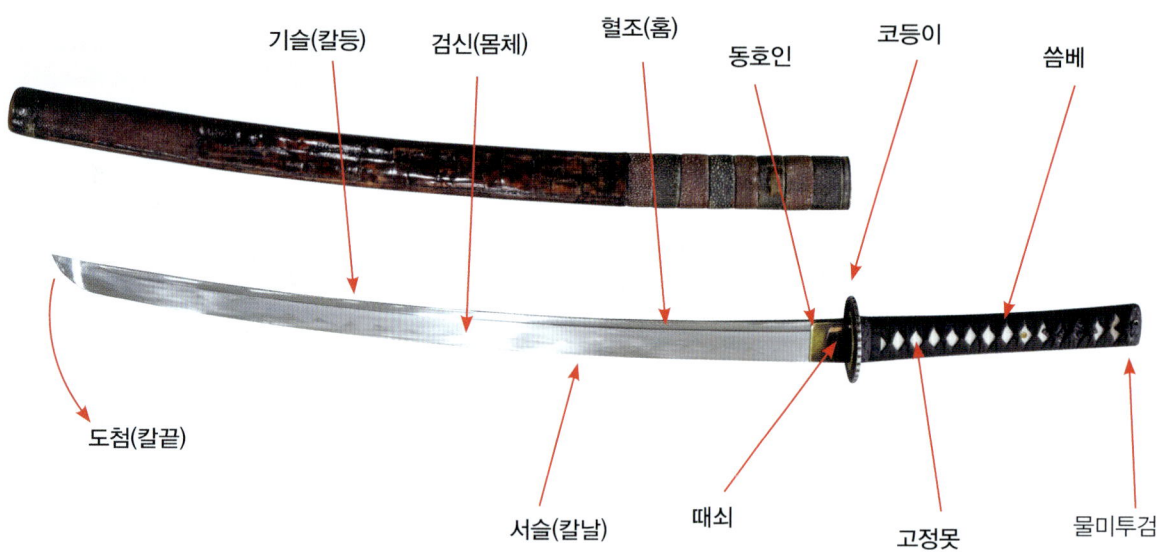

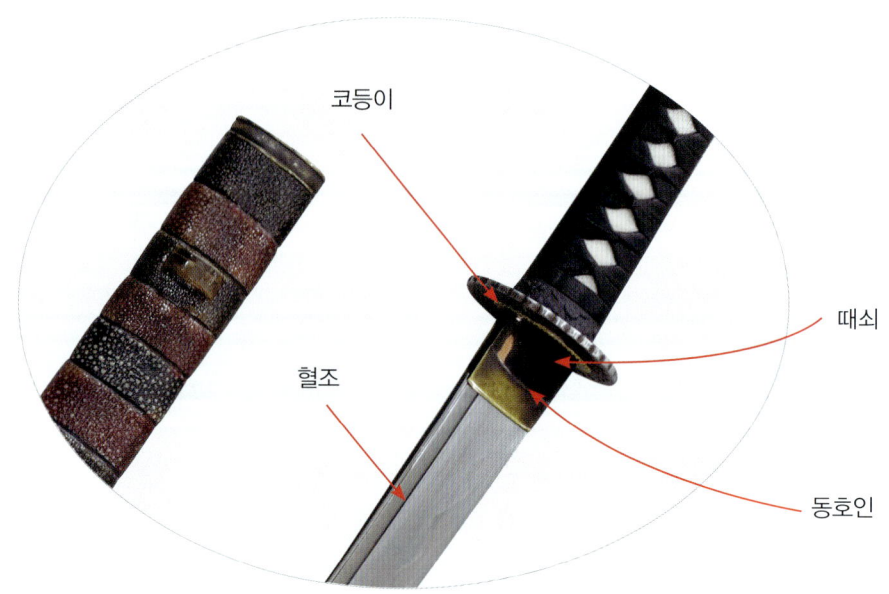

5. 검 무예 수련도

▶ **평면도**: 면이 삼각으로 이루어져 날이 예리하여 짚단이나 가마니를 베는 검이다.

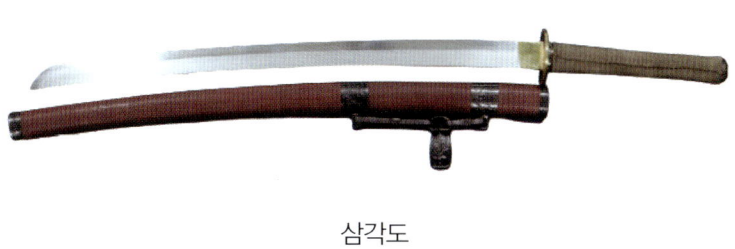

삼각도

▶ **평육도**: 면이 육각으로 이루어져 날이 투박하나 도신이 두껍고 강하여 대나무 같은 딱딱한 물체를 베는데 적합한 검이다.

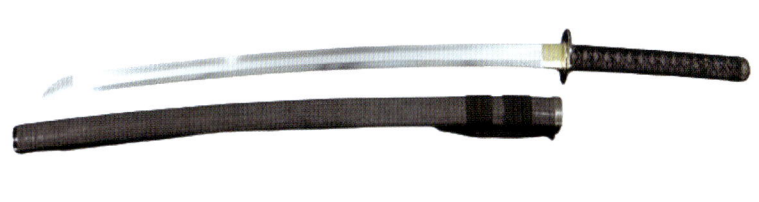

육각도

▶ **혈조도**: 양쪽 면에 홈이 있고 홈에서 나는 소리로 날의 각도를 잡을 수 있어 기초후리기 수련에 도움이 되며 실전에서는 찌름에 용이한 검이다.

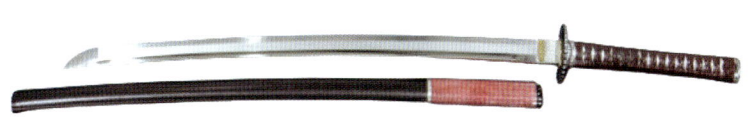

혈조도

6. 검의 재원

▶ 쌍수

(단위 : 길이 cm, 무게 g)

키	140	150	160	170	180	190 이상
검날길이	63	66	69	72	74	76
손잡이길이	25	26	27	28	30	32
검무게	650	750	850	950	1000	1050

▶ 쌍검

키	140	150	160	170	180	190 이상
검날길이	54	57	60	63	65	67
손잡이길이	15	16	17	18	19	20
검무게	500	550	600	650	700	750

▶ 이도쌍검(대도.소도)

키	140	150	160	170	180	190 이상
검날길이 (대도)	60	63	66	69	70	71
손잡이길이 (대도)	21	22	23	24	25	26
검무게 (대도)	650	700	750	800	825	850

키	140	150	160	170	180	190 이상
검날길이 (소도)	48	51	54	57	58	59
손잡이길이 (소도)	15	16	17	18	19	20
검무게 (소도)	450	500	550	600	625	650

※ 참고 : 여성의 경우 길이와 무게를 1단계 아래를 사용하는 것이 좋다.

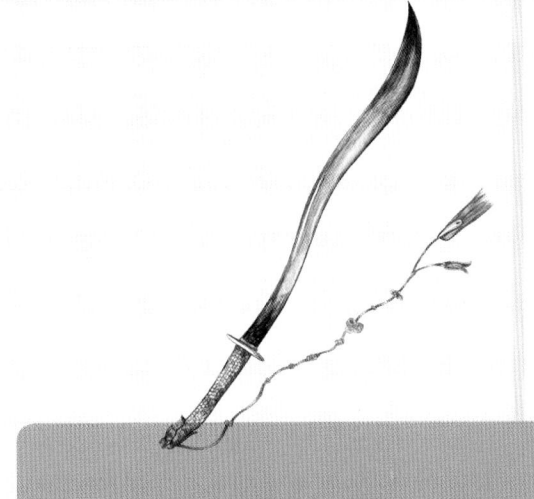

03. 예법

1. 입례
2. 좌례
3. 검 예법

1. 입례

예법이란?

예의를 지키는 규범으로 아랫사람에게 애정을, 동기간에 존중을, 스승에게 존경을, 마음에서 우러나 행동으로 실천하여 예를 갖추는 것을 말한다.

- 입례 (선 자세)

01　　　02　　　03

- 입례 (선 자세: 검을 들었을 때)

01　　　02　　　03

2. 좌례

▶ **제자** : 정좌 자세에서 두 손을 포개 바닥에 두고 상체를 90°숙여 "존경합니다."

▶ **스승** : 명상정좌 자세에서 두 손을 겹쳐 단전에 두고 상체를 30°숙여 "사랑합니다."

3. 검 예법

검 예법이란?

검을 전하는 예법으로 전하는 사람과 받는 사람 모두 경건한 마음으로 예를 표한다.

▶ 전할 때 : 선 자세에서 칼을 수직으로 세워 양손으로 잡되 오른손 엄지손가락은 코등이를 잡고 왼손은 칼집 아래로 슬어 잡아 칼을 수평으로 눕혀 본인 앞으로 향하게 하여 전한다. (칼날을 본인 앞으로 향하게 하여 전한다.)

▶ 받을 때 : 머리를 숙여 예를 표하고 양손으로 받되, 왼손은 코등이를 잡고, 오른손은 칼집을 잡아, 칼날은 본인 앞으로 향하게 하여 받아, 칼을 수직으로 세워 선 자세를 한다.

• 검을 주고받을 때

04. 검 착용법과 파지법 기본자세

1) 선자세 착용법
2) 정자세 착용법
3) 파지법
4) 기본자세

1. 검 착용법

1) 선자세 착용법

▶ 선자세에서 칼을 수직으로 세워 양손으로 코등이를 잡고 코등이는 목 높이에 둔다.

▶ 오른 손으로 옮겨 잡고 왼손은 칼집아래를 슬어 잡는다.

▶ 상체를 30°숙여 예를 표하고 검을 착용한다.

▶ 칼의 각도를 몸통기준 우측45°를 향하게 하고 칼날보다 손잡이가 15°높게 유지한다.

▶ 칼 손잡이가 상, 하, 좌, 우로 움직이지 않게 착용한다.

2) 정좌세 착용법

▶ 무릎 정좌세에서 검을 왼편에 내려놓되 코등이는 무릎선에 두고 정좌세를 한다.

▶ 두 손을 모아 바닥에 놓고 상체를 최대한 숙여 예를 한다.

▶ 칼을 들어 오른손으로 옮겨 칼집 끝을 왼편허리에 두고 손잡이를 우측45°에 둔다.

▶ 칼날보다 손잡이를 15°높게 유지하되 상, 하, 좌, 우로 움직이지 않게 착용한다.

3) 파지법

파지법이란?

검을 바르게 잡는 법으로 칼날의 각도가 변하지 않도록 손잡이를 바르게 잡아 빠른 칼을 사용하는데 있어 손목과 팔꿈치 어깨를 보호하는 중요한 기법이다.

▶ 손잡이위에 손날을 올려놓는다.

▶ 새끼. 약지. 중지 순서로 자연스럽게 힘을 주어 잡는다.

▶ 손 모양을 길게 잡아야 칼의 무게를 분산 시킬 수 있다.

▶ 검지는 코등이를 받쳐 잡아 칼을 빠르게 드는 역할을 한다.

▶ 엄지는 손잡이 옆 부분을 잡아 칼날의 각도가 변하지 않게 한다.

▶ 양손의 간격을 5~7cm정도 두고 잡아야 칼끝으로 힘을 전달 할 수 있으며 큰 칼을 사용하는데 용이하다.

쌍수

환수

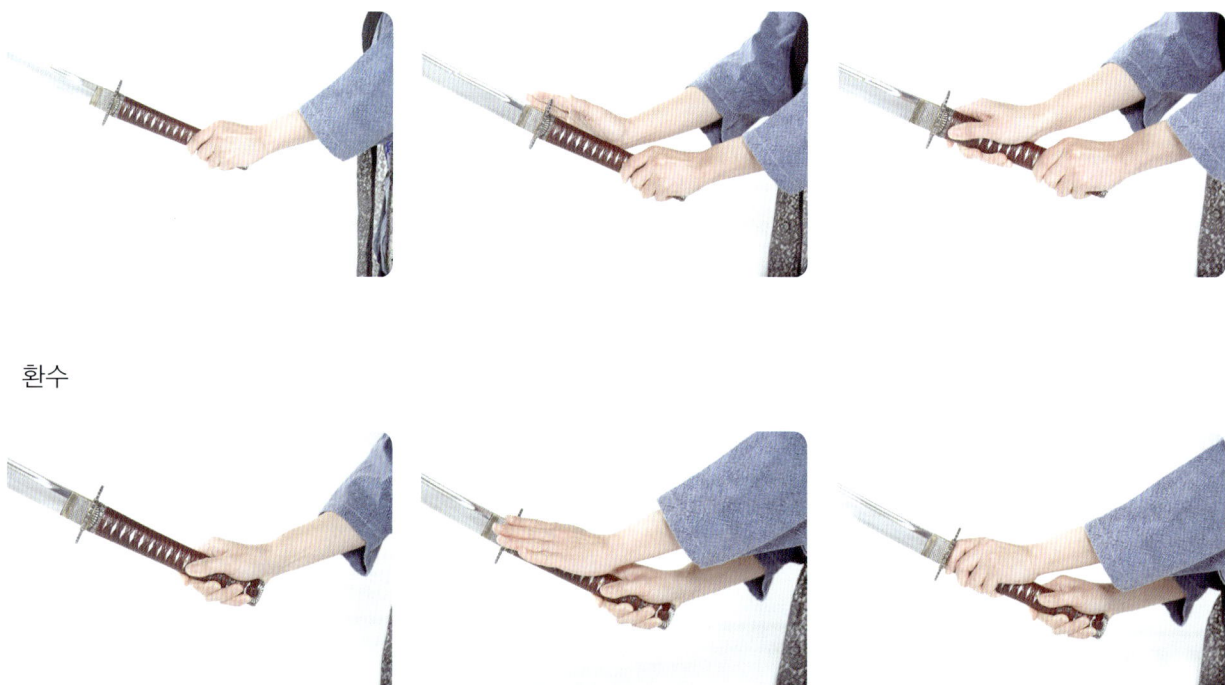

역쌍수

쌍역수

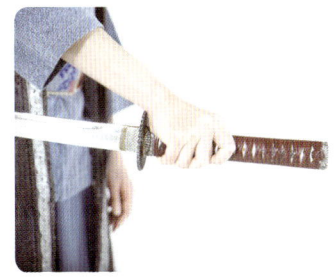  

편수

역편수

4) 기본자세

선자세

무릎-정좌세

정좌세

명상-정좌세

발검-평자세

쉬어칼세

5) 후리기 기본자세

좌 내려베기 기본자세

우 내려베기 기본자세

좌 수평베기 기본자세

우 수평베기 기본자세

좌 올려베기 기본자세

우 올려베기 기본자세

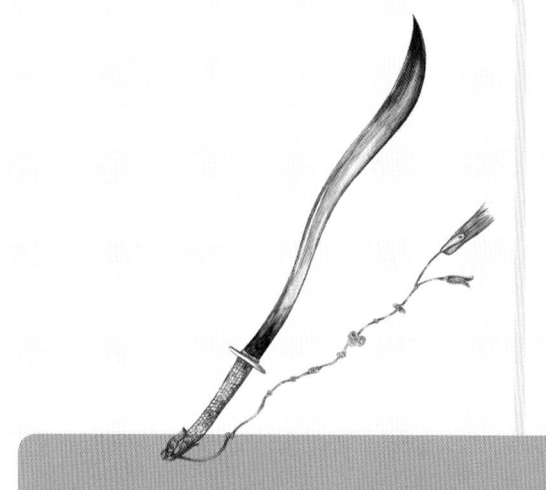

05. 발검 – 착검

1) 단계 (2보 앞으로-구분동작)

2) 단계 (1보 앞으로-1동작)

3) 단계 (1부 뒤로-1동작)

4) 단계 (360° 전환-1동작)

5) 단계 (정좌세-1동작)

발검-착검

발검-착검이란?

칼을 뽑고 넣는 행위로 칼집이 손상되지 않게 다양한 각도로 부드럽고 빠르게 뽑고 넣어야 하며, 시작과 마무리까지 정지동작이 없어야 한다. 또한 리듬과 강약 조절은 필수이며 왼손과 오른손의 상호작용이 중요하다.

1) 발검

※ 왼손의 역할

▶ 왼손으로 코등이를 밀어내고 당기는 행위를 자유롭게 할 수 있어야 한다.

▶ 칼집을 잡는 왼손 엄지손가락을 안쪽으로 말아잡아 뽑는 각도를 자유롭게 한다.

▶ 칼을 뽑기 전까지 일정하게 칼날의 각도를 유지하며 뽑는 순간에 변화를 준다.

※ 오른손의 역할

▶ 칼끝까지 빠져 나올 때 까지 힘을 주어 잡아서는 안 된다.

▶ 칼을 뽑기 전에 왼손의 각도를 설정 할 때 오른손을 안쪽으로 최대한 틀어잡는다.

▶ 칼을 뽑을때는 오른쪽으로 당겨서는 안 되며 손잡이 끝으로 상대의 명치를 치듯이 앞으로 끝까지 던져서 뽑아야 한다.

※ 몸의 역할

▶ 보법은 앞으로 향하되 허리를 좌측으로 45°틀어 칼을 앞으로 일직신으로 향하게 힌다.

2) 착검

▶ 오른손과 왼손이 리듬에 따라 움직여야 한다.

▶ 오른손이 칼끝보다 15°높게 유지하고 몸의 45°를 향해 던져내야 한다.

▶ 왼손으로 칼끝을 리듬으로 받아내고 칼날의 각도와 경사를 맞춰야 한다.

3) 발검의 종류

▶ 1단계 : 2보 앞으로

▶ 2단계 : 1보 앞으로

▶ 3단계 : 1보 뒤로

▶ 4단계 : 360° 전환

▶ 5단계 : 정좌세

▶ 1단계(2보 앞으로-구분동작)

(수평발검-착검)

» 발검

01
02
03
04
05
06

» 착검

01
02
03
04
05
06

(수직발검-착검)

» 발검

01　02　03

04　05　06

» 착검

01　02　03

04　05　06

(수직사선발검-착검)

» 발검

01　　　02　　　03

04　　　05　　　06

» 착검

01　　　02　　　03

04　　　05　　　06

(사선발검-착검)

» 발검

01　　02　　03

04　　05　　06

» 착검

01　　02　　03

04　　05　　06

(역 사선발검–착검)

» 발검

01　02　03

04　05　06

» 착검

01　02　03

04　05　06

05. 발검 - 착검

(역 수평발검–착검)

» 발검

» 착검

(수직 사선발검-회전 착검)

» 발검

01　　　02　　　03

04　　　05　　　06

» 착검

01　　　02　　　03

04　　　05　　　06

05. 발검 - 착검

▶ **2단계**(1보 앞으로-1동작)

※ 1단계와 방법은 동일하나 1보 전진하며 발검과 착검을 연결하여 동시에 진행한다.

▶ 3단계(1보 뒤로-1동작)

※ 1단계와 방법은 동일하나 1보 빠지며 발검과 착검을 연결하여 동시에 진행한다.

▶ 4단계(360° 전환-1동작)

※ 1단계와 방법은 동일하나 360° 전환하며 발검과 착검을 연결하여 동시에 진행한다.

▶ 5단계(정좌세-1동작)

※ 1단계와 동일하나 정좌세에서 발검과 착검을 연결하여 동시에 진행한다.

06. 검결, 검선고르기, 칼힘의 전달, 격자, 안법, 보법

1. 검 결

검결이란?

칼에 묻은 이물질을 칼끝으로 뿌려내는 행위로 빠르고 강하게 뿌려 정지법으로 칼을 멈춰 칼끝으로 이물질을 뿌려내는 것을 검결이라 한다.

※ 주의 : 손목과 팔꿈치 보호를 위해 파지법이 완성된 후에 하여야 한다.

01   02

03

04

2. 검선 고르기

검선 고르기란?

칼을 바르게 만들고 두 팔의 운영을 일치하게 하여 칼의 궤도를 이탈하지 않게 하고 칼날의 각도를 끝까지 유지하여 칼의 힘을 칼등에서 칼날로 바르게 전달하기 위한 과정이다.

▶ 구분동작 (정면후리기)

하나 : 수직으로 들어올린다.

둘 : 수직으로 앞을 향해 던진다.

셋 : 수직으로 연결하여 들었다 던진다.

▶ 연결

하나 : 수직으로 연결하여 들었다 던진다. (연속동작)

▶ 반발력

하나~둘~셋 : 반발을 이용하여 3회 반복하여 수직으로 들었다 던지며 마지막 3회에는 빠르게 들어 올리는 반발을 이용하여 앞으로 뿌리듯이 던진다.

❖ 검선 고르기

▶ 칼을 들 때는 칼끝에서 손잡이까지 미간사이로 스치는 것을 느낌으로 확인한다.

▶ 대나무 같은 탄력 있는 물체의 끝을 지면에서 135° 허공에서 당기는 느낌으로 든다.

▶ 코등이가 이마를 스치는 느낌으로 칼끝부터 손목, 팔꿈치, 어깨 순서로 부드럽게 든다.

▶ 칼의 속도는 시작부터 끝까지 일정하게 분산하여 사용한다.

(정면)

하나 : 평자세를 한다.   둘 : 수직으로 들어 올린다.   셋 : 수직으로 앞을 향해 던진다.

(측면)

하나 : 평자세를 한다.   둘 : 수직으로 들어 올린다.   셋 : 수직으로 앞을 향해 던진다.

3. 칼 힘의 전달

칼등에서 칼날의 직선방향으로 힘을 전달하여 칼의 속도를 가속시킨다.

정면 : 내려베기

좌 : 내려베기

우 : 수평베기

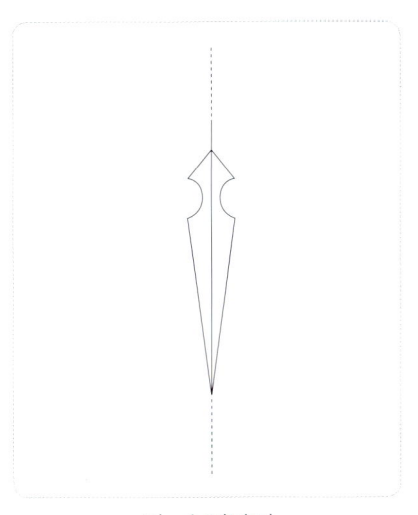
검-수직단면

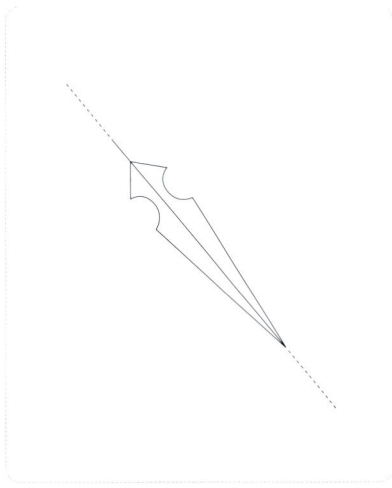
검-사선단면

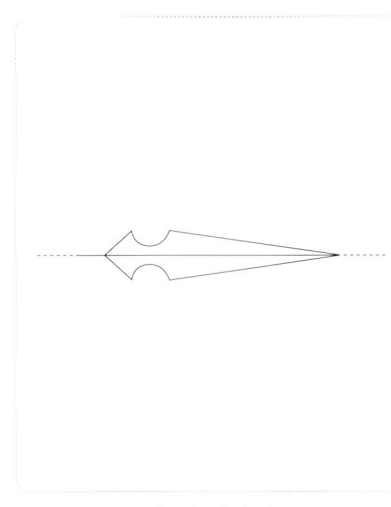
검-수평단면

4. 격자

격자란?

격법과 세법에 있어 치거나 베기 위한 표적부위를 격자라 한다.

◆ **격자부위**

- ▶ 머리
- ▶ 목
- ▶ 손목
- ▶ 허리
- ▶ 무릎

◆ **자세와 격자의 기준**

- ▶ **자세** : 자세의 좌-우 방향은 본인을 기준으로 한다.
- ▶ **격자** : 격자의 좌-우 방향은 상대를 기준으로 한다.

자세 : 예 (우익세)
자세의 방향은 본인을 기준으로 정한다.

자세 : 예 (좌익세)
자세의 방향은 본인을 기준으로 정한다.

격자 : 예 (좌익격)
격자의 방향은 상대의 기준으로 정한다.

격자 : (우익격)
격자의 방향은 상대의 기준으로 정한다.

5. 안법

안법이란?

움직이는 사물을 인지하고 상대의 수를 읽어내고 예지하는 것을 안 법이라 한다.

▶ **육안** : 눈에 보이는 것을 형상이라 하며 겉으로 드러난 사물의 움직임을 주시하거나 인지하는 법.

▶ **심안** : 눈에 보이지 않는 것을 본질이라 하며 상대 마음을 꽤 뚫어보고 예지하는 법.

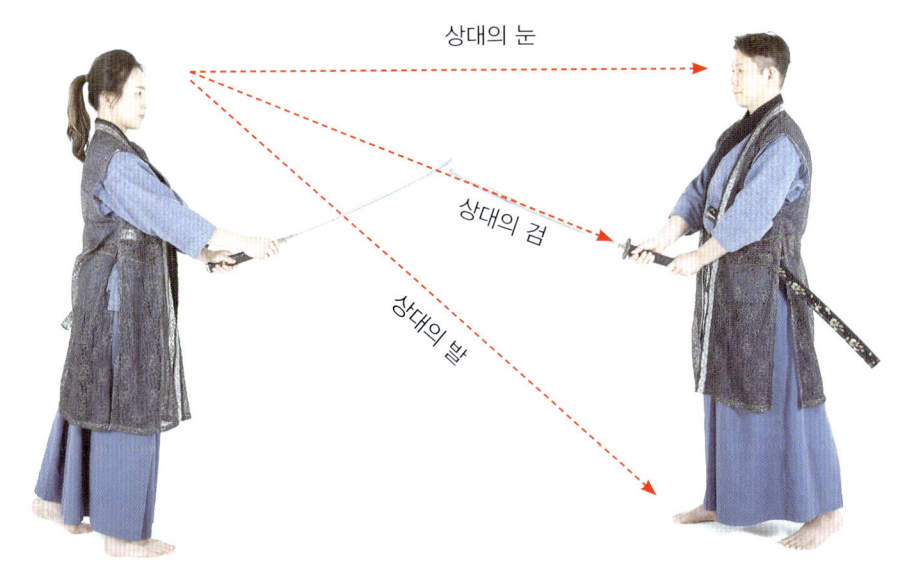

일대일교전 : 상대의 눈과 칼끝과 발을 동시에 본다.

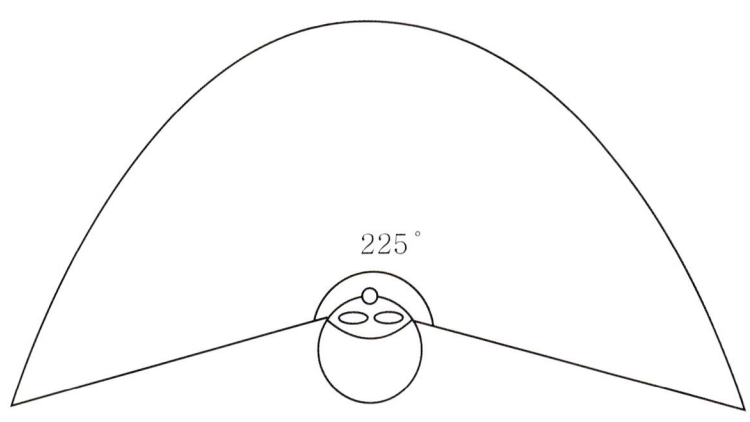

일대 다수와의 교전 : 정면을 바라보면서 225°이상의 넓은 시야를 바라볼 수 있어야 한다.

6. 보법

보법이란?

발의 움직임을 통해 체중을 자유롭게 분산시켜 몸을 가볍게 하고 빠른 움직임으로 공·방을 주도하여 몸의 균형과 안정된 리듬을 통해 체력소모를 최소화 하는 중요한 수련법이다.

◆ 보법의 종류

▶ 이동보법: 하나-앞으로, 둘-뒤로, 셋-좌로, 넷-우로 구령에 따라 1회 또는 2회 이동한다.(자유로운 중심이동을 위한 보법이다.)

▶ 4보법: 앞으로, 뒤로, 좌로, 우로 이동한다. 단, 반복할 때는 짝수 때는 우로 이동한다.(빠른 몸놀림을 위한 보법이다.)

▶ 6보법: 앞으로, 뒤로, 좌로 45°, 우로 45° 이동한다. 단, 좌로 45° 이동할 때 왼발이 앞으로 향한다.(상대의 공격을 피하거나 방어하기 용이한 보법이다.)

▶ 연결3보법: 하나-1보, 둘-2보, 셋-3보 구령에 따라 걷듯이 이동하며 앞으로 나아갈 때는 누르고, 재치고, 뒤로 물러날 때는 상대 칼을 빗겨내며 이동한다.(교전을 위한 보법이다.)

▶ 연속이동보법: 하나-앞으로 연속 이동, 둘-뒤로 연속 이동, 셋-좌로 연속 이동, 넷-우로 연속 이동한다.(몸을 가볍게 해주는 체보이다.)

▶ 전환보법: 전, 후, 좌, 우 180° 또는 360°를 회전하며 사방을 자유롭게 이동한다.(원심력을 이용하여 칼이 속도와 힘을 배가시키는 보법이다.)

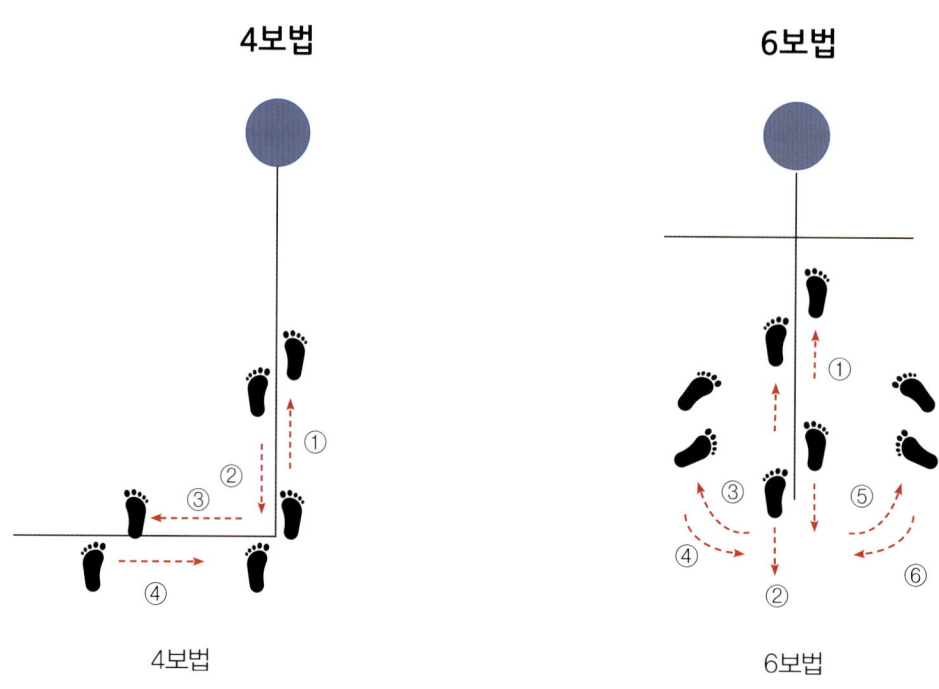

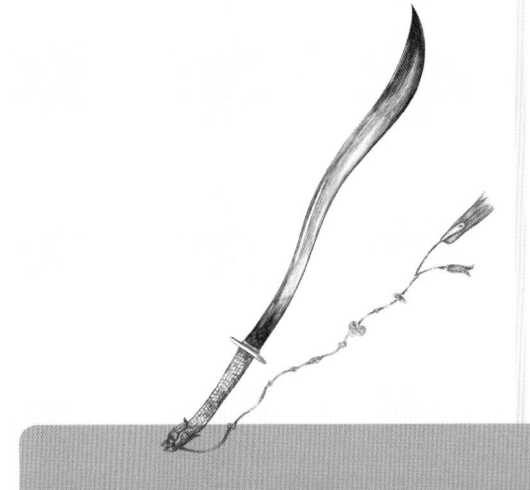

07. 기본동작후리기

1) 좌법 후리기
2) 평자세 3동작 후리기
3) 1보법 정면 후리기

1. 기본동작 후리기

기본동작 후리기란?

검을 수련하는 초급과정으로 칼의 궤도와 칼날의 각도를 바르게 만들어 바른 검을 사용하는 기법을 기본동작 후리기라 한다.

1) 좌법 후리기
2) 평자세 3동작후리기
3) 4보법 정면후리기

1) 좌법 후리기

정좌세에서 상체의 꼬임과 칼의 궤도와 날의 각도를 익히며 정면베기, 좌-우 내려베기와 좌-우 수평베기를 구분 동작을 익힌 다음 연속동작으로 반복 수련한다.

정면베기

좌 내려베기

우 수평베기

2) 평자세 3동작후리기

발을 어깨넓이로 수평으로 벌려 3동작으로 후리되 칼을 바르게 만들어 스윙궤도와 날의 각도를 끝까지 유지하고 상체의 꼬임과 체중이동을 리듬에 맞춰 후리기를 한다. 발의 움직임과 허리쓰임이 중요하다.

정면베기

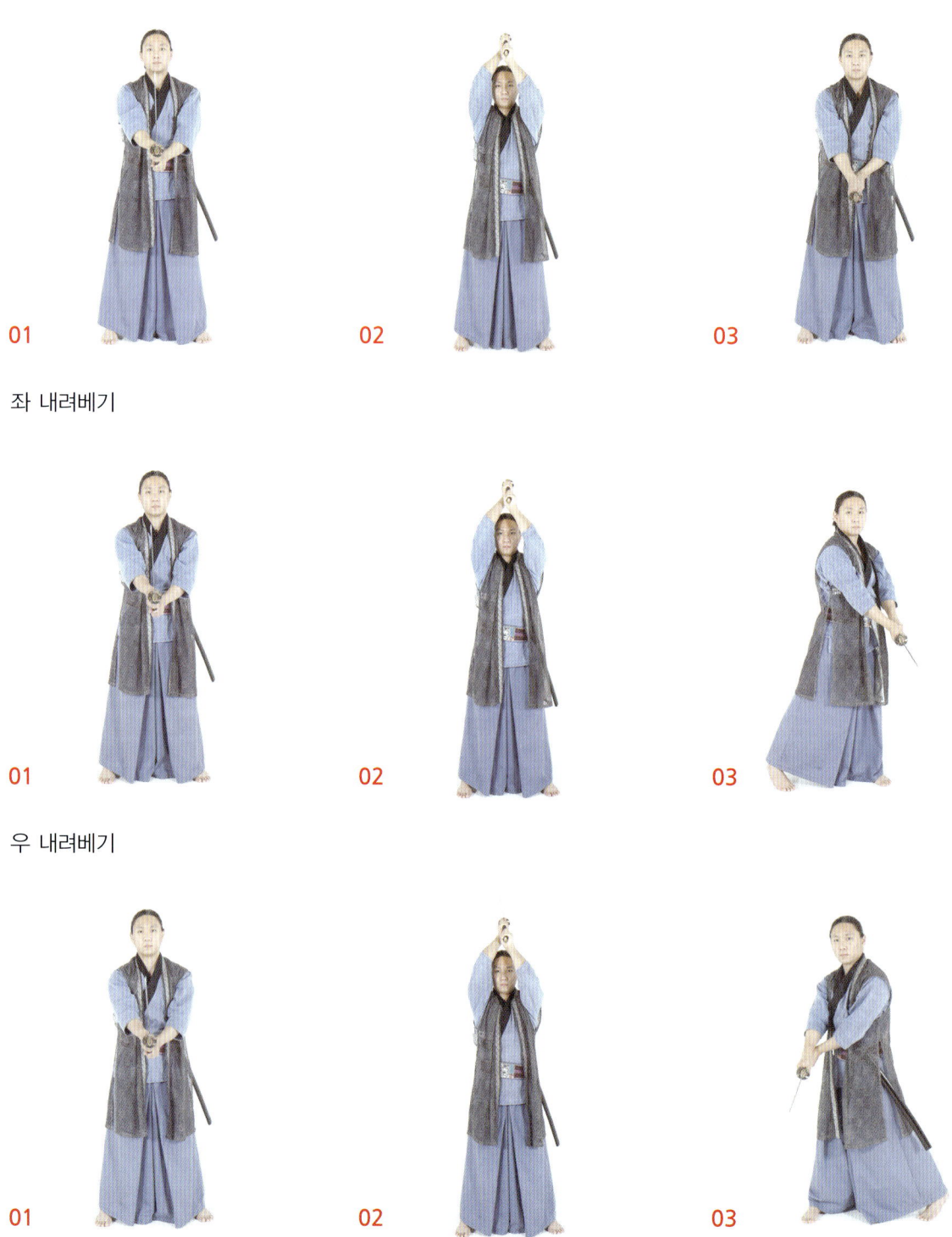

좌 내려베기

우 내려베기

좌 수평베기

우 수평베기

좌 올려베기

우 올려베기

찌름

3) 4보법 정면후리기

4보법과 정면후리기를 겸한 수련으로 중심이동과 자유로운 보의 움직임을 위한 수련법이다.

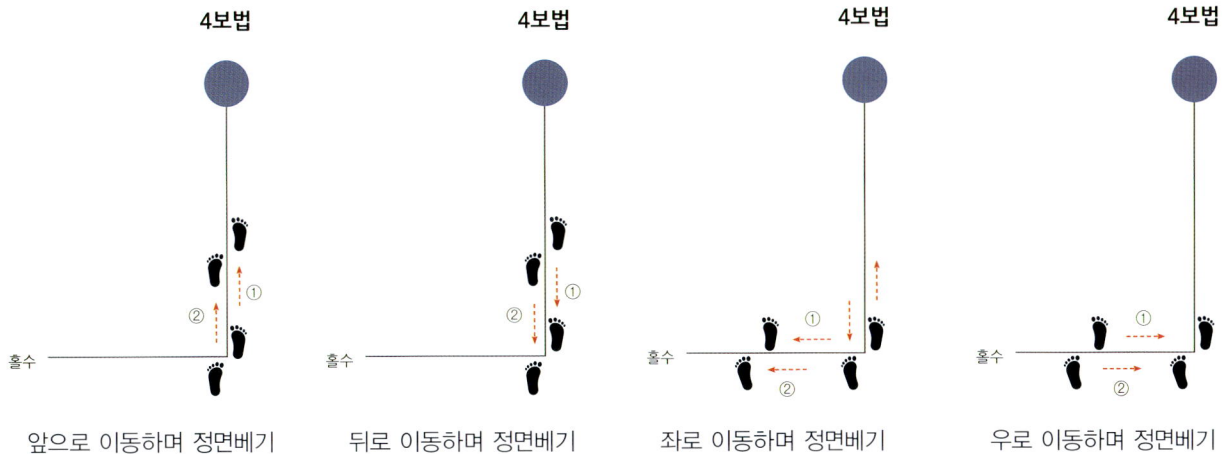

▶ 앞으로, 뒤로, 좌로, 우로 보를 이동하여 정면후리기를 한다.

▶ 홀수 때는 좌측으로, 짝수 때는 우측으로 이동한다.

어거세 　　　　　　　 든칼 　　　　　　　 정면베기

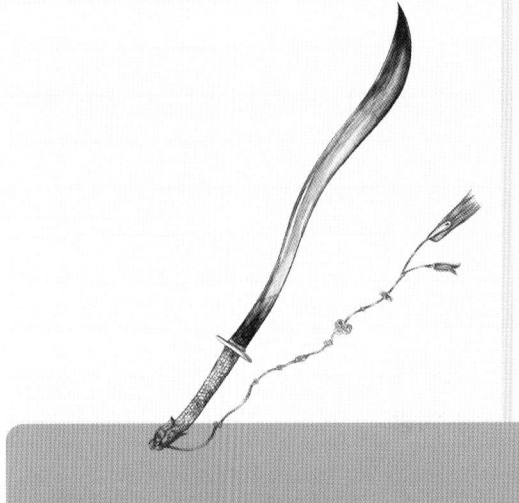

08. 방법

1) 상방
2) 중방
3) 하빙

❖ 방법

방법이란?

상대의 칼을 막아내는 법으로 상대 칼 속도보다 더 빠른 동작으로 막아야 한다.

1) 상방

2) 중방

3) 하방

❖ 방법

1) 상방: 머리, 어깨, 목, 상체 공격을 막는 법

▶ 틀어막기 : 앞틀어막기, 옆틀어막기, 전상방틀어막기

▶ 맞받아막기

▶ 빗겨막기

정면베기-앞 틀어막기

01 02

우 내려베기-우 틀어막기

01 02

정면베기-전상방 틀어막기

01　　　　　　　　　　　　　02

정면베기-맞받아 막기

01　　　　　　　　　　　　　02

정면베기-빗겨 막기

01　　　　　　　　　　　　　02

2) 중방: 허리, 배, 명치 중심 공격을 막는 법

▶ 틀어막기

▶ 빗겨막기

좌 내려베기-좌 틀어막기

01

02

찌름-빗겨막기

01

02

찌름-빗겨 막기

01　　　　　　　　　　　02

찌름-빗겨 막기

01　　　　　　　　　　　02

3) 하방: 대퇴부, 무릎, 발목, 하체공격을 막는법

▶ 빗겨막기

▶ 맞받아막기

좌 편수 무릎-빗겨막기

01

02

360° 우로 전환하며 우편수 무릎-맞받아막기

01

02

좌 편수 무릎-맞받아막기

01

02

09. 검살법

1) 뿌리기
2) 쳐내기
3) 누르기
4) 제쳐내기
5) 감아 뿌리기

❖ 검살법

검살법이란?

상대의 칼끝을 통해 수를 읽어내고 제압하여 공격하기 유리한 선점을 확보하는 기법이다.

1) 뿌리기
2) 쳐내기
3) 누르기
4) 제쳐내기
5) 감아뿌리기

뿌리기(사선)

01　　　　　　　　　　　　　　02

03

옆으로 쳐내기(수평)

아래로 쳐내기(사선)

위로 쳐내기(사선)

누르기

제쳐내기

감아 뿌리기

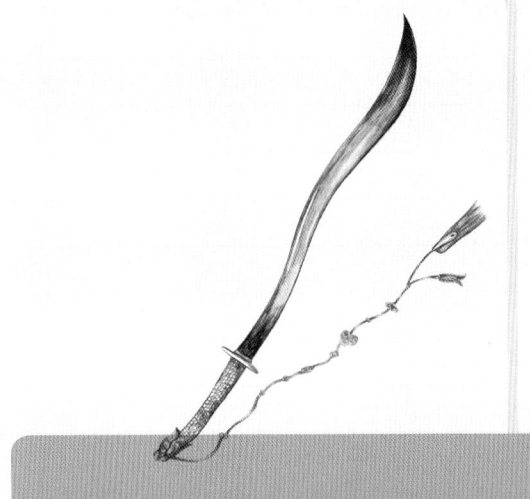

10. 쌍수후리기

1) 정지법
2) 뿌림법
3) 흘림법

❖ 쌍수 후리기

쌍수 후리기란?

정지법, 뿌림법, 흘림법으로 칼 쓰임에 있어 중요한 수련법이다.

▶ 정지법

▶ 뿌림법

▶ 흘림법

1) 정지법

정지법이란?

반발력을 이용하여 빠른 칼을 쓰되 원하는 정점에서 자유롭게 칼을 멈추는 기법을 정지법이라 한다.

▶ 스윙궤도와 날의 각도를 바르게 유지하여 후리기를 한다.

▶ 칼을 던지는 과정보다 만드는 과정이 더 중요하다.

▶ 던지는 칼보다 만드는 칼이 빨라야 하며 만드는 칼의 반발력을 이용해야 한다.

▶ 칼을 멈추는 순간 새끼손가락을 강하게 쥐어 손목에 힘을 싫어 칼을 고정시킨다.

▶ 칼을 사용하거나 멈출 땐 흔들리거나 움직이지 않게 하여야 한다.

▶ 부드러운 보의 이동과 상체의 움직임과 체중 이동 적절한 팔의 사용으로 칼을 써야하며 이런 과정을 리듬이라 한다.

※ 참고사항 : 리듬이 흐트러지면 담이 오거나 부상이 발생하게 된다.

정지법

정면 내려베기

01

02

03

좌 내려베기

01

02

03

우 내려베기

01

02

03

정지법

좌 수평베기

01

02

03

우 수평베기

01

02

03

좌 올려베기

01

02

03

정지법

우 올려베기

01　　　02　　　03

찌름

01　　　02　　　03

2) 뿌림법

뿌림법이란?

뿌림법은 반발력과 칼의 속도를 가속하고 연타 공격을 이어주는 중요한 기법이다.

- ▶ 상대의 칼을 쳐내거나 물체를 베고 스윙궤도를 따라 칼날에서 칼등으로 180°돌려 다음 동작으로 연결할 수 있도록 정점에서 멈춰야 한다.
- ▶ 물체를 베고 난 후에 손목을 풀어주어 칼끝이 스윙궤도를 이탈하지 않도록 한다.
- ▶ 칼날의 각도를 끝까지 유지한다.

※ 참고사항

칼끝이 베기 궤도를 이탈하면 반발력이 저하되며 내려베고-올려베기, 연속베기를 할 때 발목이나 아킬레스건을 다치는 부상을 주의해야 한다.

뿌림법

정면베기

01　　02　　03

좌 내려베기

01　　02　　03

우 내려베기

01　　02　　03

뿌림법

좌 수평베기

01

02

03

우 수평베기

01

02

03

좌 올려베기

01

02

03

뿌림법

우 올려베기

01　　　　　　02　　　　　　

03

찌름

01　　　　　　02　　　　　　03

3) 흘림법

흘림법이란?

검을 멈추지 않고 흘려보내는 기법으로 체력소모를 최소화 하며 손목 팔 어깨부상을 막아주는 중요한 수련법이다.

- ▶ 칼을 부드럽게 잡아 칼끝으로 힘을 전달한다.
- ▶ 반발력을 이용하여 칼을 사용한다.
- ▶ 물체를 베고 난 후에는 칼의 속도를 점점 늦춰서 처음자세로 돌아온다.
- ▶ 물체를 베고 난 후에 칼날에서 칼등으로 180°돌려야 한다.
- ▶ 칼끝이 베기 궤도를 이탈하지 않아야 한다.
- ▶ 칼끝을 던진 후에는 두 팔이 먼저 들어와야 한다.
- ▶ 물체를 베고 난 후에는 2보 이상 물러나야 한다.

※ 참고사항

- ▶ 칼끝이 머리중앙 반대편으로 넘어가지 않도록 주의해야 한다.
- ▶ 시작부터 끝까지 몸과 같이 멈추지 않고 함께 움직여야 한다.

흘림법

좌 내려베기

01　　　02　　　03　　　04

우 내려베기

01　　　02　　　03　　　04

좌 올려베기

01　　　02　　　03　　　04

흘림법

우 수평베기

01 02 03 04

좌 올려베기

01 02 03 04

우 올려베기

01 02 03 04

11. 자법

1) 찌름
2) 기타찌름

1. 찌름

찌르는 법으로 작은 움직임으로 빠른 공격이 가능하며 허점을 최소화 하고 상대의 틈을 이용하여 찌르는 법을 자법이라 한다.

◆ 자법유오

1) 역린자
2) 탄복자
3) 우협자
4) 좌협자
5) 쌍명자

역린자 : 상대의 칼을 누르고 아래서 위로 거슬러 찌름 (부위 : 목)

탄복자 : 상대의 칼을 감아내고 칼날을 뒤집어 찌름 (부위 : 배, 목)

우협자 : 왼편으로 빗겨내고 칼 눕혀 찌름 (부위 : 가슴)

좌협자 : 오른편으로 빗겨내고 칼 눕혀 찌름 (부위 : 가슴)

쌍명자 : 역쌍수 맞받아막고 쌍역수 쌍명자 찌름 (부위 : 눈)

2. 기타찌름

1) 옆 찌름

2) 전환 찌름

3) 받쳐 찌름

4) 역쌍수 찌름

5) 쌍역수 찌름

6) 편수 찌름

7) 역편수 찌름

옆 찌름 : 상대가 찌를 때-빗겨내고 찌름 (부위 : 가슴)

전환 찌름 : 상대의 칼을 쳐내고 360° 전환찌름 (부위 : 배, 목)

받쳐 찌름 : 상대가 우내려베기 할 때-맞받아 쳐내고 왼손칼끝 받쳐찌름 (부위 : 배, 목, 눈)

역쌍수 찌름 : 상대 칼을 쳐내고 360° 전환뒤찌름 (부위 : 배)

쌍역수 찌름 : 상대가 좌내려베기 할 때-맞받아 막고 오른손 바꿔 잡고 쌍역수 찌름 (부위 : 목, 눈)

편수 찌름 : 상대가 칼을 들어 공격 할 때-좌편수 찌름 (부위 : 배, 목)

역편수 찌름 : 역편수 세워 빗겨막고 상대 칼 좌측으로 슬어내고 역편수 찌름 (부위 : 배, 목, 눈)

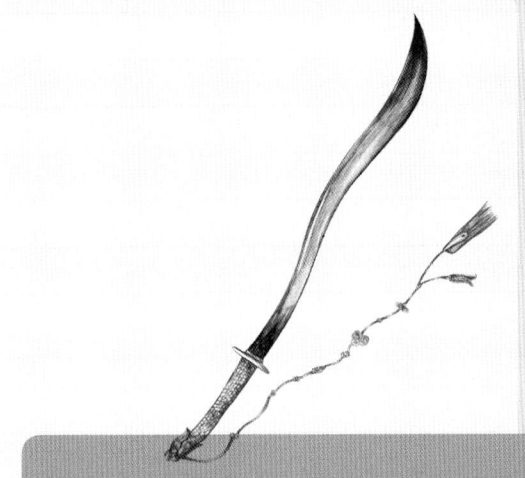

12. 쌍수 2보 후리기

1) 3동작 후리기
2) 2동작 후리기
3) 1동작 후리기

쌍수, 2보 후리기

1) 3동작 후리기

▶ 구분동작으로 스윙궤도와 칼날의 각도를 바르게 만들어 사용하는 수련법이다.

◇ 3동작

▶ 하나 : 1보 나가며 칼을 만든다.

▶ 둘 : 1보 나가며 후리기를 한다.

▶ 셋 : 연결동작으로 2보 빠지며 칼을 들었다 어거세로 돌아온다.

◇ 후리기 명칭

▶ 정면내려베기 (표두격)

▶ 좌 내려베기 (좌익격)

▶ 우 내려베기 (우익격)

▶ 좌 수평베기 (좌요격)

▶ 우 수평베기 (우요격)

▶ 좌 올려베기 (좌과격)

▶ 우 올려베기 (우과격)

※ 참고사항

▶ 구분동작으로 칼을 바르게 만든다.

▶ 스윙의 궤도를 정확하게 익힌다.

▶ 날의 각도를 바르게 유지한다.

▶ 칼의 속도를 일정하게 유지한다.

정면베기(표두격)

어거세를 한다

하나 : 왼발 나가며(표두세)

둘 : 정면베기(표두격)

셋 : 1보 빠지며 든다.(연결동작)

1보빠지며 어거세를 한다.(연결동작)

좌 내려베기(좌익격)

어거세를 한다.

하나: 왼발 나가며-표두격

둘: 좌 내려베기(좌익격)

셋: 1보 빠지며 든다.(연결동작)

1보 빠지며 어거세를 한다.
(연결동작)

우 내려베기(우익격)

어거세를 한다.

하나: 오른발 나가며-표두격

둘: 우 내려베기(우익격)

셋: 1보 빠지며 든다.
(연결동작)

1보 빠지며 어거세를 한다.
(연결동작)

좌 수평베기(좌요격)

하나: 오른발 나가며-우요세

둘: 좌 수평베기(좌요격)

어거세를 한다.

셋: 1보 빠지며 든다.(연결동작)

1보 빠지며 어거세를 한다.
(연결동작)

우 수평베기(우요격)

하나: 왼발 나가며-좌요세

둘: 우 수평베기(우요격)

어거세를 한다.

셋: 1보 빠지며 든다.(연결동작)

1보 빠지며 어거세를 한다.
(연결동작)

좌 올려베기(좌과격)

어거세를 한다.

하나: 오른발 나가며-우과세

둘: 좌 올려베기(좌과격)

셋: 1보 빠지며 든다.(연결동작)

1보 빠지며 어거세를 한다.
(연결동작)

우 올려베기(우과격)

어거세를 한다.

하나: 왼발 나가며-좌과세

둘: 우 올려베기(우과격)

셋: 1보 빠지며 든다.(연결동작)

1보 빠지며 어거세를 한다.
(연결동작)

2) 2동작 후리기

▶ 칼날의 각도와 스윙궤도를 바르게 유지하여 몸과 칼이 멈춤 동작 없이 물 흐르듯 사용하는 수련법이다.

◇ 2동작

▶ 하나 : 2보 들어가며 리듬에 맞춰 후리기를 한다.

▶ 둘 : 연결동작으로 2보 빠지며 칼을 들었다 어거세로 돌아온다.

◇ 후리기 명칭

▶ 정면내려베기 (표두격)   ▶ 좌 내려베기 (좌익격)

▶ 우 내려베기 (우익격)   ▶ 좌 수평베기 (좌요격)

▶ 우 수평베기 (우요격)   ▶ 좌 올려베기 (좌과격)

▶ 우 올려베기 (우과격)

※참고사항

▶ 리듬에 맞춰 후리기를 한다.   ▶ 스윙의 궤도를 끝까지 유지한다.

▶ 칼날의 각도를 바르게 유지한다.   ▶ 칼의 속도를 일정하게 유지한다.

예시:2동작후리기(정면베기)   리듬에 맞춰 왼발 나가며-칼을 들고(연결동작)오른발 나가며-던진다.

어거세

왼발 나가며-칼을 든다.

오른발 나가며-칼을 던진다.

3) 1동작 후리기

▶ 반뿌림으로 스윙궤도를 만들고 반발력을 이용하여 빠른 칼을 사용하는 수련법이다.

◇ 1동작

▶ 하나 : 짧은 보법으로 들어가 반 뿌림과 반발력을 이용하여 후리기를 한다.

▶ 둘 : 연결동작으로 2보 빠지며 칼을 들었다 어거세로 돌아온다.

◇ 후리기 명칭

▶ 정면 내려베기 (표두격) ▶ 좌 내려베기 (좌익격) ▶ 우 내려베기 (우익격)

▶ 좌 수평베기 (좌요격) ▶ 우 수평베기 (우요격) ▶ 좌 올려베기 (좌과격)

▶ 우 올려베기 (우과격)

※ 참고사항

▶ 상대가 느끼지 못하도록 짧은 보법으로 접근한다.

▶ 상대 칼을 칼등으로 쳐내는 느낌으로 칼을 빠르게 만든다.

▶ 만드는 반발력을 이용하여 칼을 사용한다.

▶ 스윙궤도를 끝까지 유지한다.

▶ 칼날의 각도를 바르게 유지한다.

▶ 칼의 속도를 일정하게 유지한다.

▶ 보의 움직임과 상체의 꼬임을 이용한 체중이동을 하여 리듬으로 칼을 사용한다.

어거세　　　상대가 느끼지 못하게 접근한다.　　　칼을 든다.　　　칼을 드는 반발력으로 던진다.

13. 예도8자세, 예도8자세후리기

1. 예도8자세

예도8자세란?

예도24자세 중에서 발췌한 8가지 자세로 검법, 격법, 방법, 자법, 세법을 검 수련법에 적합하도록 통합수련 체계를 하기 위한 기본자세이다.

예도8자세

01

어거세 : 정면베기(표두격)에 적합한 자세이다.

02

우익세 : 좌 내려베기(좌익격)에 적합한 자세이다.

03

좌익세 : 우 내려베기(우익격)에 적합한 자세이다.

04

우요세 : 좌 수평베기(좌요격)에 적합한 자세이다.

예도8자세

05

좌요세 : 우 수평베기(우요격)에 적합한 자세이다.

06

우과세 : 좌 올려베기(좌과격)에 적합한 자세이다.

07

좌과세 : 우 올려베기(우과격)에 적합한 자세이다.

08

점검세 : 찌름(자법)에 적합한 자세이다.

2. 예도8자세 후리기

예도8자세 후리기란?

예도24자세에서 발췌한 8자세로 격법과 세법수련체계를 통합한 수련법이다.

▶ 8자세에서 바로 베면 1합이다. (단타. 정지법)

▶ 8자세에서 상대 칼을 쳐내고 베면 2합이다. (뿌림. 2연타)

▶ 모든 공격과 방어에 용이한 자세이다.

◆ **자세와 후리기 명칭**

▶ 어거세 : 표두격 (정면내려베기)

▶ 우익세 : 좌익격 (좌내려베기)

▶ 좌익세 : 우익격 (우내려베기)

▶ 우요세 : 좌요격 (좌수평베기)

▶ 좌요세 : 우요격 (우수평베기)

▶ 우과세 : 좌과격 (좌올려베기)

▶ 좌과세 : 우과격 (우올려베기)

▶ 점검세 : 자법 (찌름)

예도8자세 후리기

어거세 : 표두격(정면베기)에 적합한 자세이다.

우익세 : 좌 내려베기(좌익격)에 적합한 자세이다.

예도8자세 후리기

좌익세 : 우 내려베기(우익격)에 적합한 자세이다.

우요세 : 좌 수평베기(좌요격)에 적합한 자세이다.

예도8자세 후리기

01　　　　　　　02　　　　　　　03

좌요세 : 우 수평베기(우요격)에 적합한 자세이다.

01　　　　　　　02　　　　　　　03

우과세 : 좌 올려베기(좌과격)에 적합한 자세이다.

예도8자세 후리기

01

02

03

좌과세 : 우 올려베기(우과격)에 적합한 자세이다.

01

02

03

점검세 : 찌름(자법)에 적합한 자세이다.

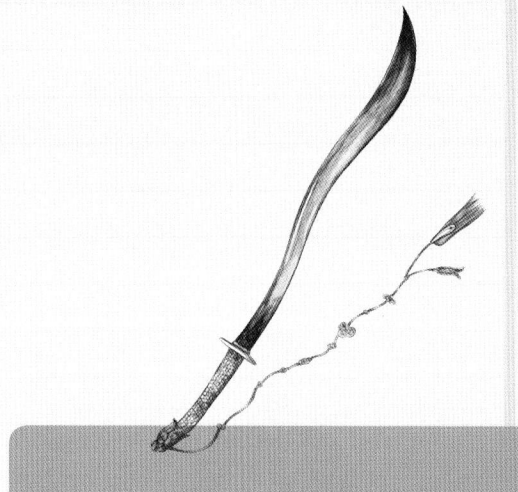

14. 발검후리기

발검후리기

칼을 뽑으며 베는 기법은 어려운 동작이니 충분한 연습 후에 해야 한다.

발검하며 (우 편수 우 내려베고-쌍수 좌 올려베기)

발검하며 (우 편수 우 수평깨고-쌍수 좌 수평베기)

발검하며 (우 편수 우 올려베고-쌍수 좌 내려베기)

발검하며 (우 편수 우 올려베고-쌍수 좌 수평베기)

발검하며 (우 편수 우 수평베고–쌍수 좌 수평베기)

발검하며 (우 편수 우 수평베고–쌍수 좌 올려베기)

발검하며 (우 편수 우 수평베고–쌍수 좌 수평베기)

발검하며 (우 역편수 우 올려베고-역쌍수 좌 올려베기)

발검하며 (우 역편수 우 올려베고-좌 편수 우 내려베기)

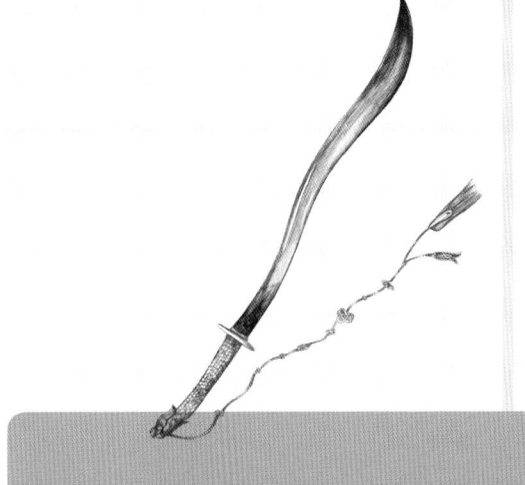

15. 검법

1) 화랑검법
2) 쌍수도
3) 본국검
4) 쌍검
5) 제독검
6) 본국쌍검

검법

검법이란?

자세, 격법, 방법, 자법, 세법을 여러 동작으로 연결하여 실전을 가상하여 사방의 적과 대적하는 수련법을 검법이라 한다.

▶ 화랑검법

▶ 쌍수도

▶ 본국검

▶ 쌍검

▶ 제독검

▶ 본국쌍검

1) 화랑검법

2) 쌍수도

3) 본국검

4) 쌍검

5) 제독검

6) 본국쌍검

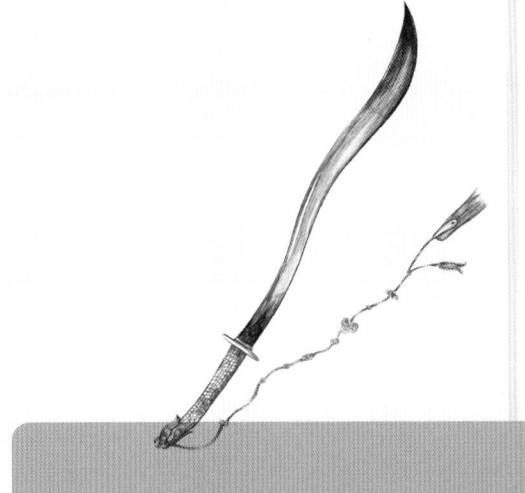

16. 격법

1) 대도격법 (1~8)
2) 소도격법 (1~5)

격법

격법이란?

실전을 가상하여 공격과 방어를 위주로 수련하는 교전법을 격법이라 한다.

▶ 대도격법 (1~8)

▶ 소도격법 (1~5)

1) 대도격법

대도격법은 예도24자세 중에 발췌한 자세로 격법과 세법의 통합수련을 목적으로 정립한 수련법이다.

- ▶ 단칼에 베면 1합이요.
- ▶ 상대의 칼을 쳐내고 베면 2합이며.
- ▶ 상대 칼을 쳐내는 기법을 뿌림이라 한다.

- ▶ 어거세 : 상대 칼 누르고–정면베기 (표두격)
- ▶ 우익세 : 상대 칼 좌내려 쳐내고–우 올려베기 (우과격)
- ▶ 좌익세 : 상대 칼 우내려 쳐내고–좌 올려베기 (좌과격)
- ▶ 우요세 : 상대 칼 좌수평 쳐내고–우 수평베기 (우요격)
- ▶ 좌요격 : 상대 칼 우수평 쳐내고–좌 수평베기 (좌요격)
- ▶ 우과세 : 상대 칼 좌올려 쳐내고–우 내려베기 (우익격)
- ▶ 좌과세 : 상대 칼 우올려 쳐내고–좌 내려베기 (좌익격)
- ▶ 점검세 : 상대가 찌를 때 좌빗겨내고–찌름 (역린자)

▶ 대도격법

(1) 어거세-어거세

(2) 어거세-우익세

(3) 어거세-좌익세

(4) 어거세-우요세

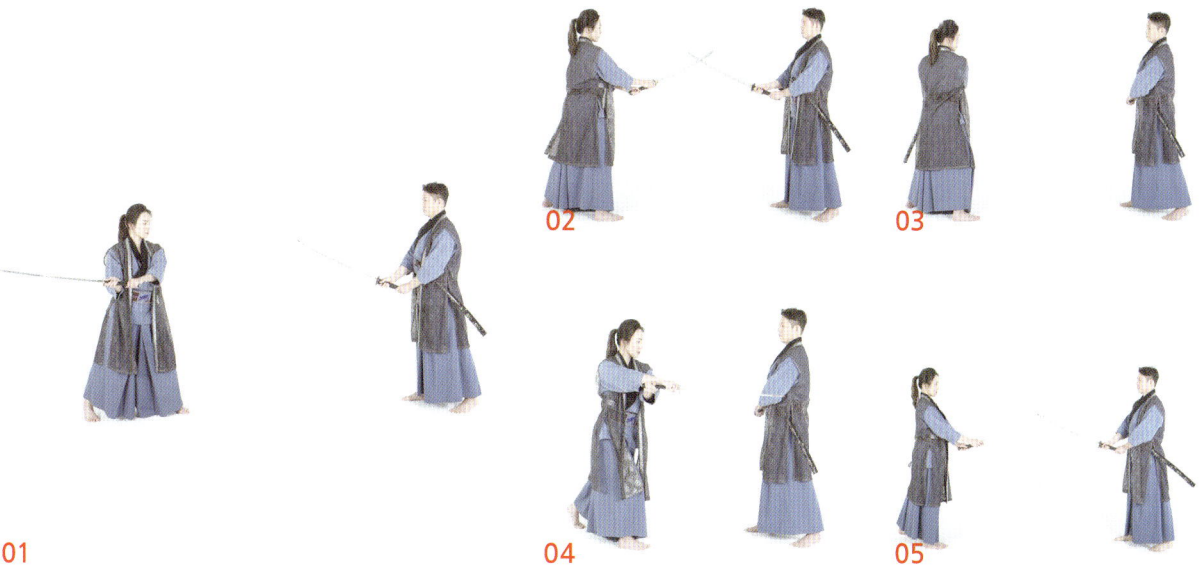

(5) 어거세-좌요세

(6) 어거세-우과세

(7) 어거세-좌과세

01 02 03 04 05

(8) 어거세-점검세

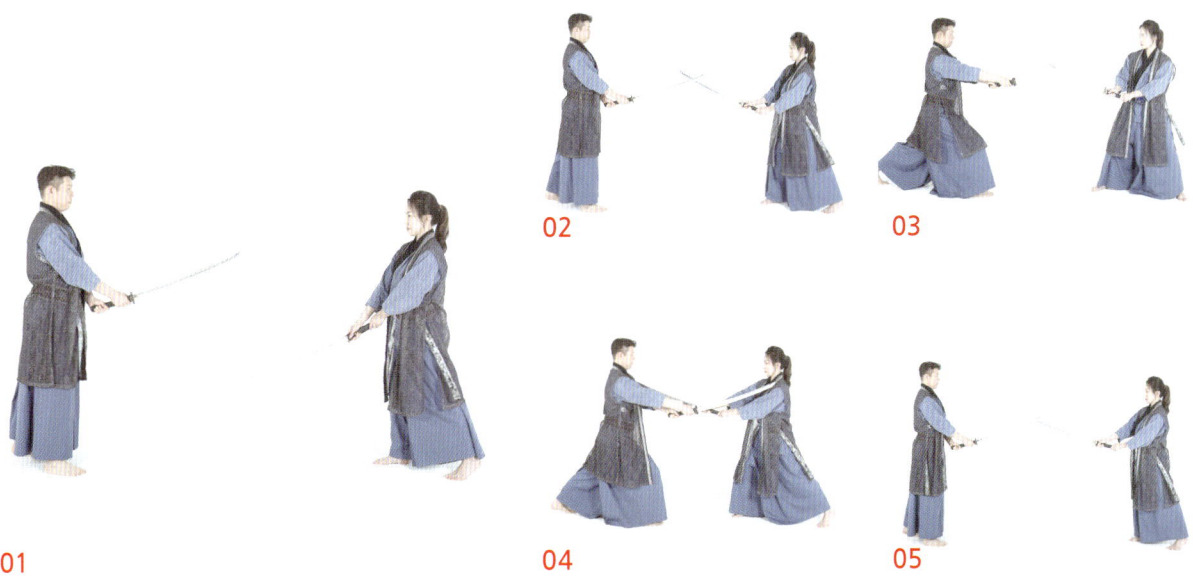

01 02 03 04 05

2) 소도격법

소도 격법이란?

짧은 칼로 대도를 제압하는 법으로 좁은 공간에서 활용이 용의하며 상대의 공격을 유도하여 역습에 용이한 교전법이다.

17. 세법

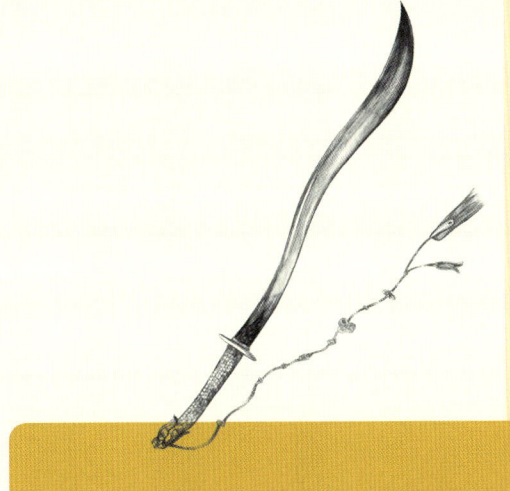

세법이란?
실전을 가상하여 칼의 궤도와 칼날의 각도를 바르게 유지하고 물체를 정확하게 베는 수련법이다.

- ▶ 쌍수베기
- ▶ 환수베기
- ▶ 역쌍수베기
- ▶ 쌍역수베기
- ▶ 편수베기
- ▶ 역편수베기
- ▶ 전환베기
- ▶ 응용베기
- ▶ 발검법베기

1. 쌍수베기

오른손을 앞으로 잡되 양손을 바르게 잡고 베는 법

▶ 기본베기

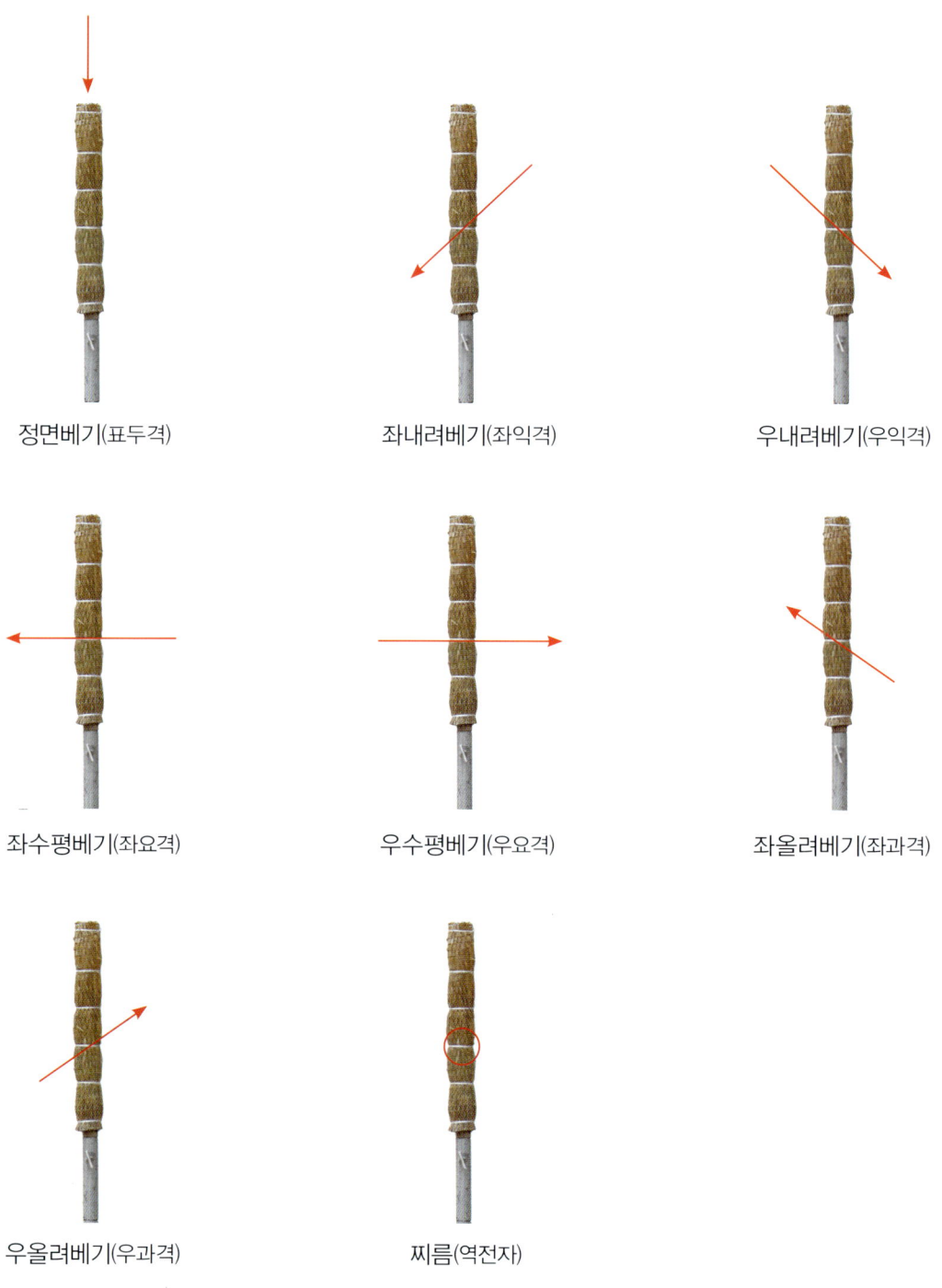

정면베기(표두격)　　좌내려베기(좌익격)　　우내려베기(우익격)

좌수평베기(좌요격)　　우수평베기(우요격)　　좌올려베기(좌과격)

우올려베기(우과격)　　찌름(역전자)

2. 쌍수베기 (2연타)

▶ 기본베기

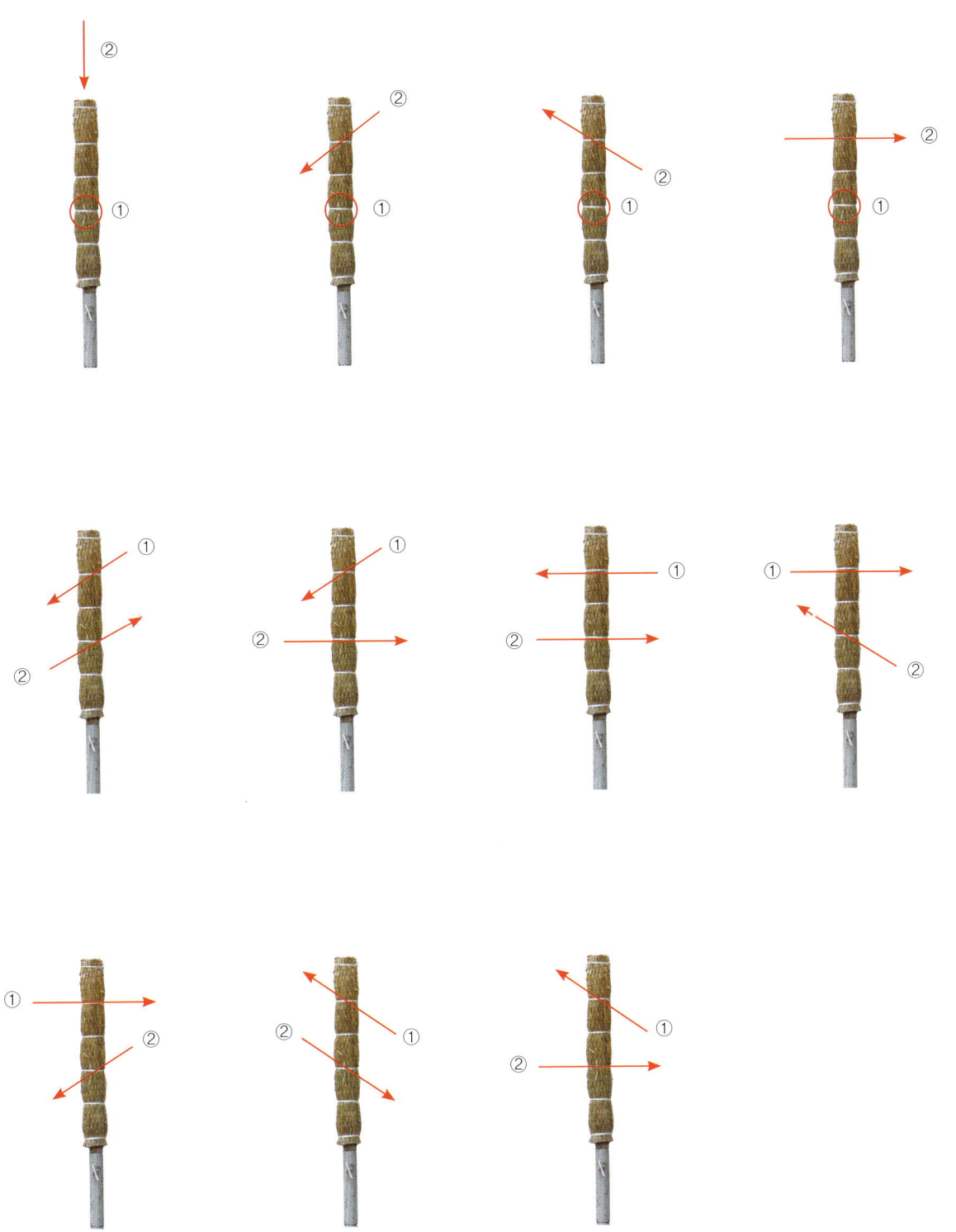

3. 쌍수베기 (2연타)

▶ 토막베기

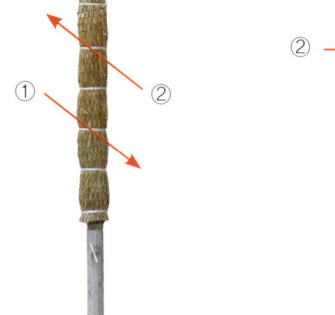 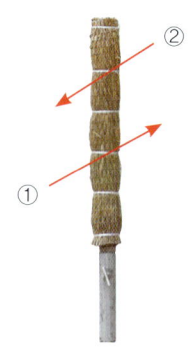 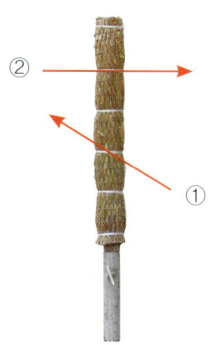

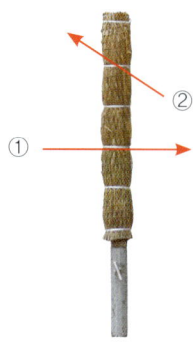 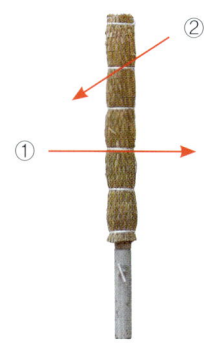 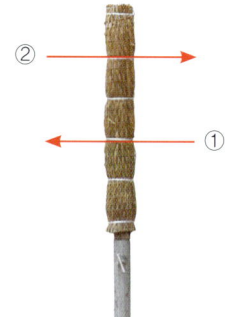

4. 쌍수베기 (2연타)

◇ 흘림법 토막베기

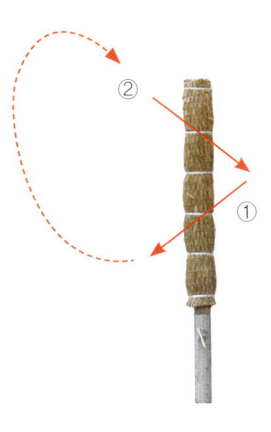 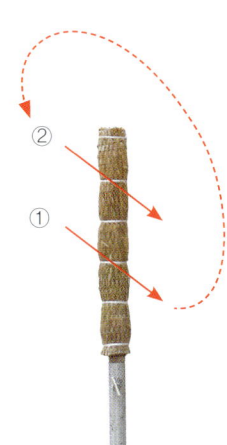 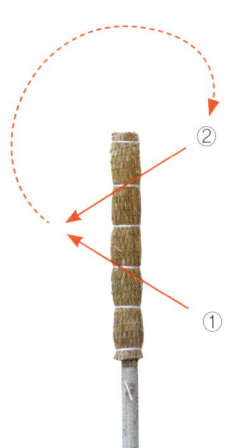 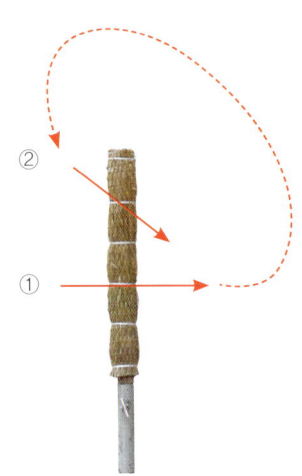

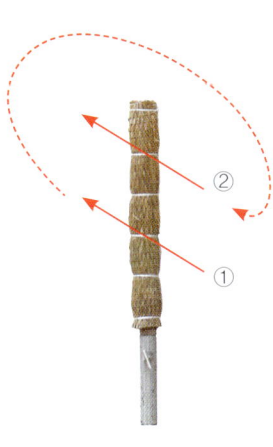 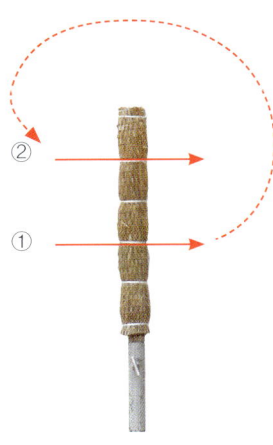

5. 쌍수베기 (3연타)

◇ 기본 베기

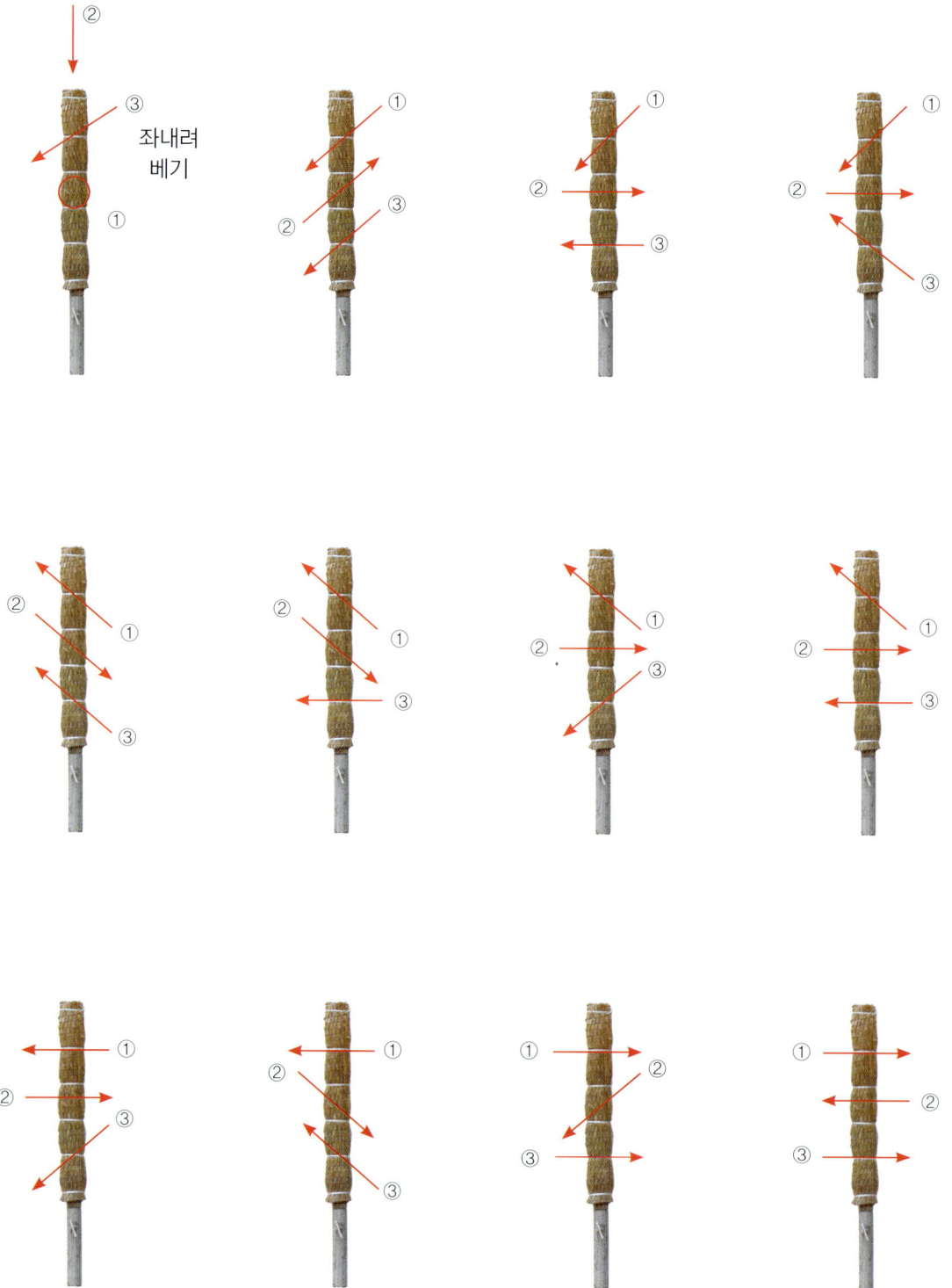

6. 쌍수베기 (3연타)

◇ 흘림법 베기

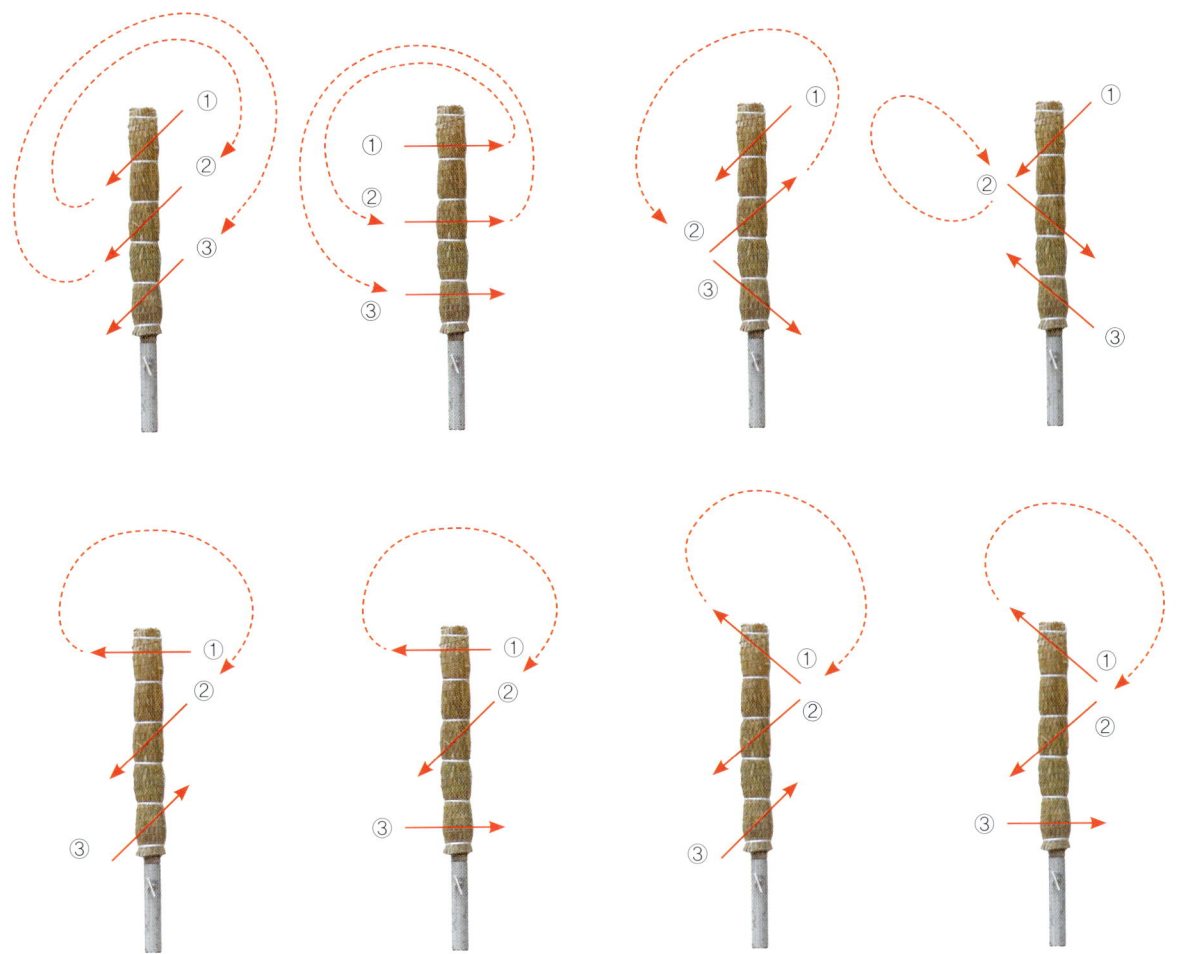

7. 쌍수베기 (3연타)

◇ 토막 베기

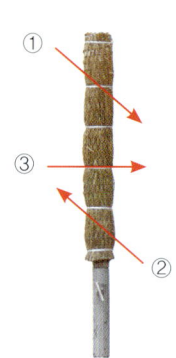
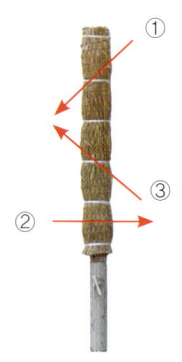
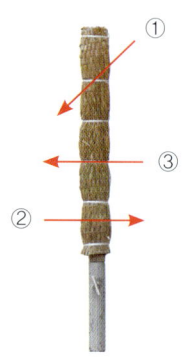

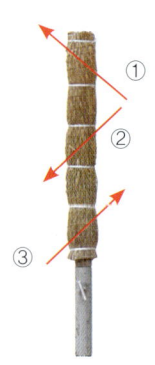
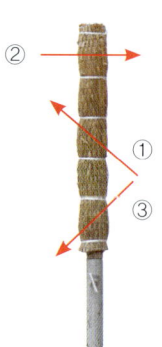

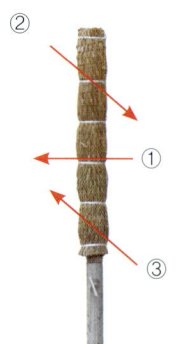
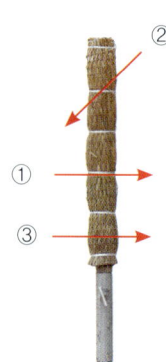
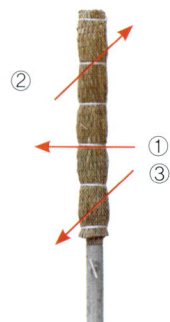
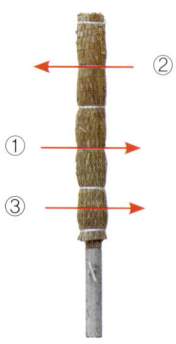

◇ 토막 베기

8. 쌍수베기 (3연타)

◇ 흘림법 토막베기

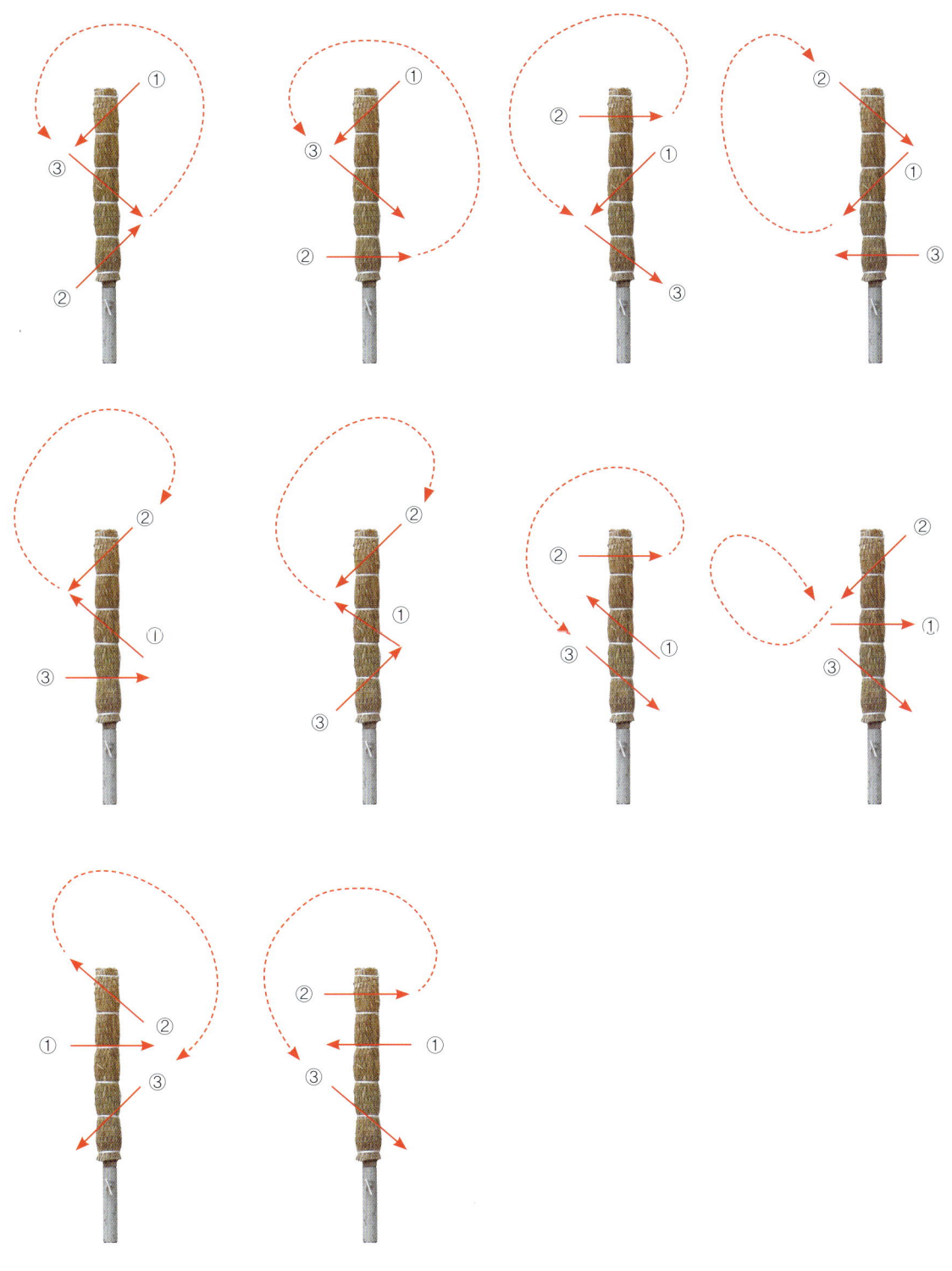

9. 쌍수베기 (4연타)

◇ 4연타 기본베기　　　　　　　　◇ 4연타 흘림법 베기

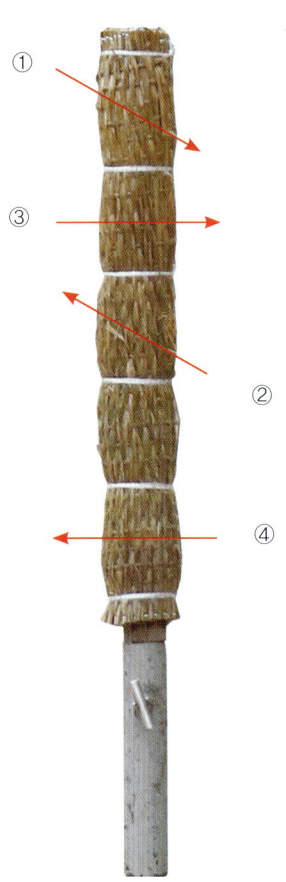
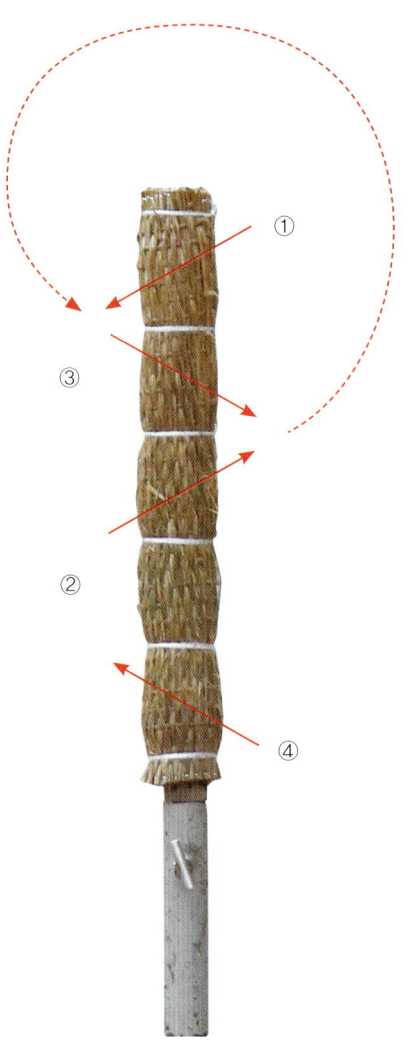

10. 쌍수베기 (5연타)

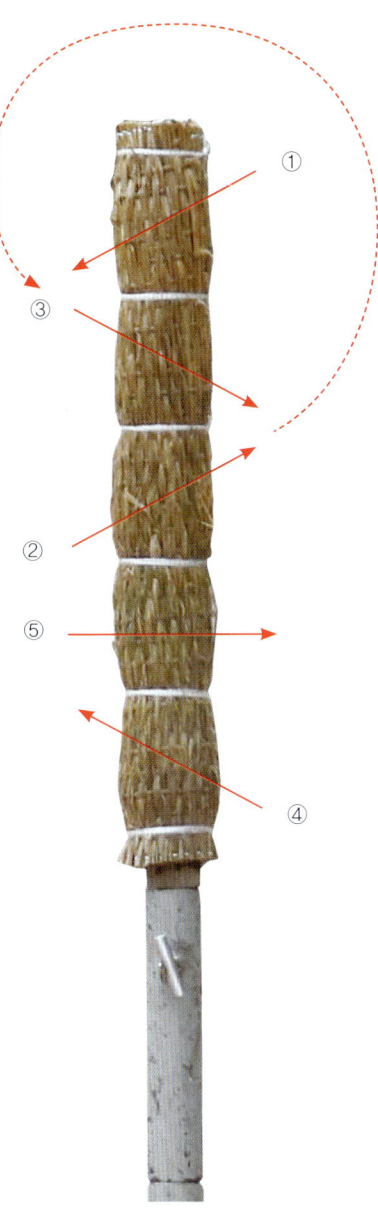

11. 쌍수베기 (6연타)

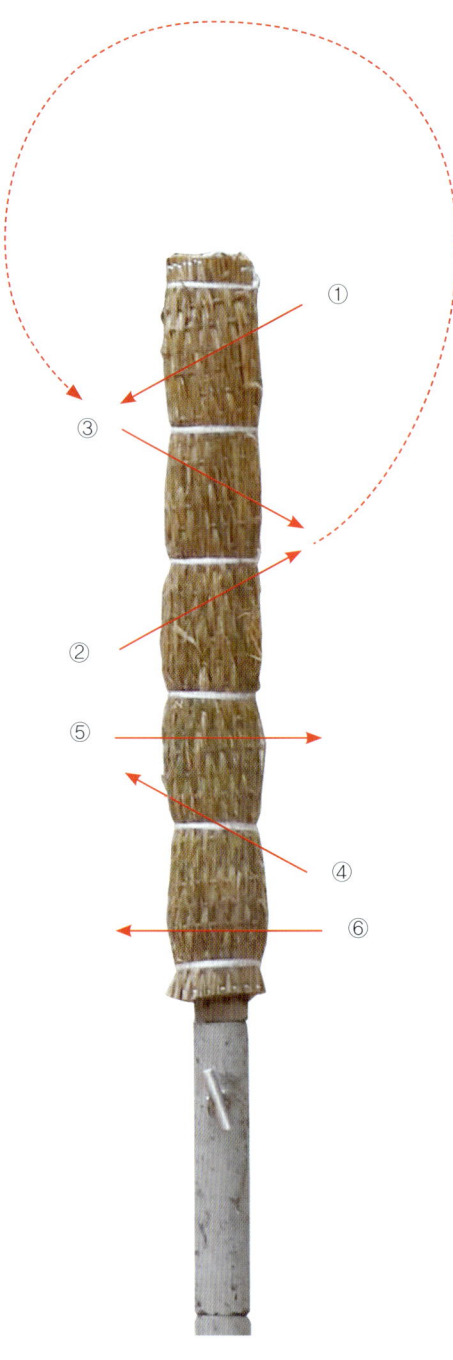

12. 쌍수베기 (7연타)

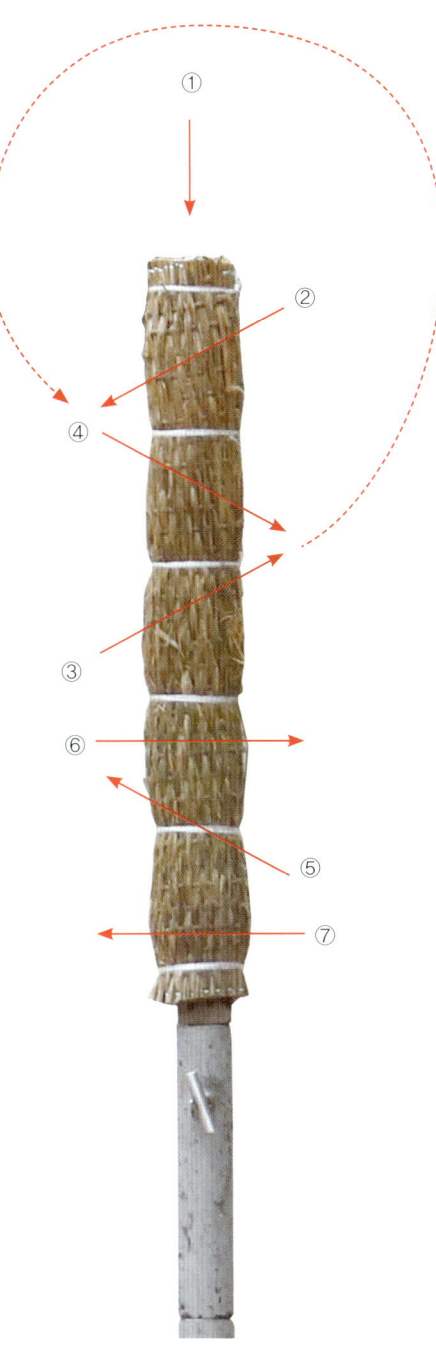

13. 쌍수베기 (8연타)

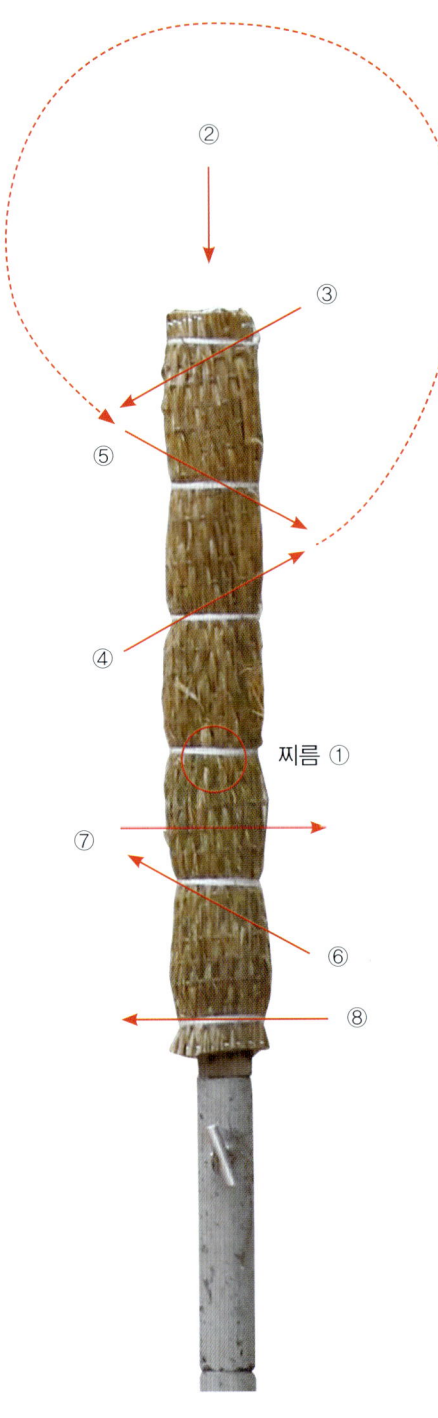

14. 환수베기

왼손을 앞으로 잡고 양손을 사용하여 베는 법.

◇ 기본 4 연타베기

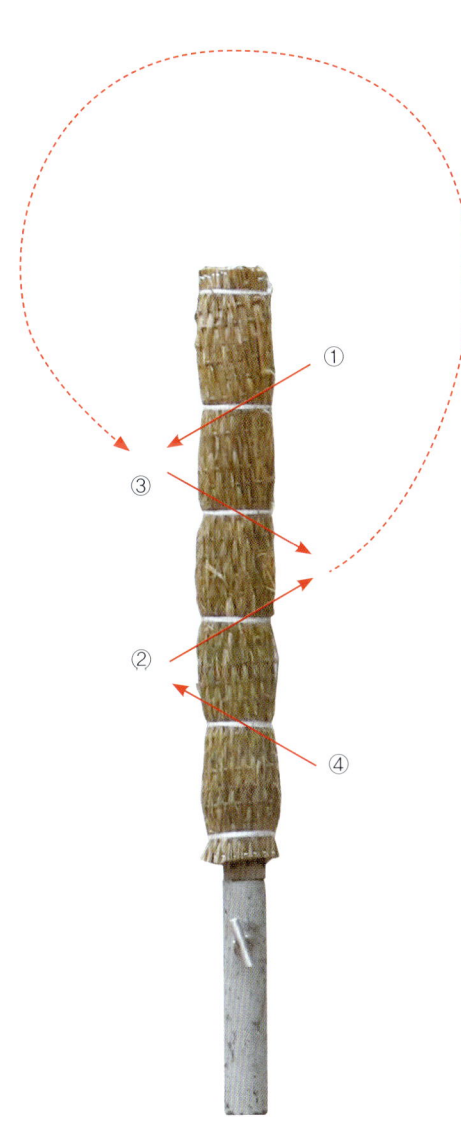

15. 역 쌍수베기

오른손을 역으로 코등이 안쪽을 잡고 양손을 사용하여 베는 법.

◇ 역쌍수 기본베기

16. 쌍 역수베기

▶ 2 연타베기

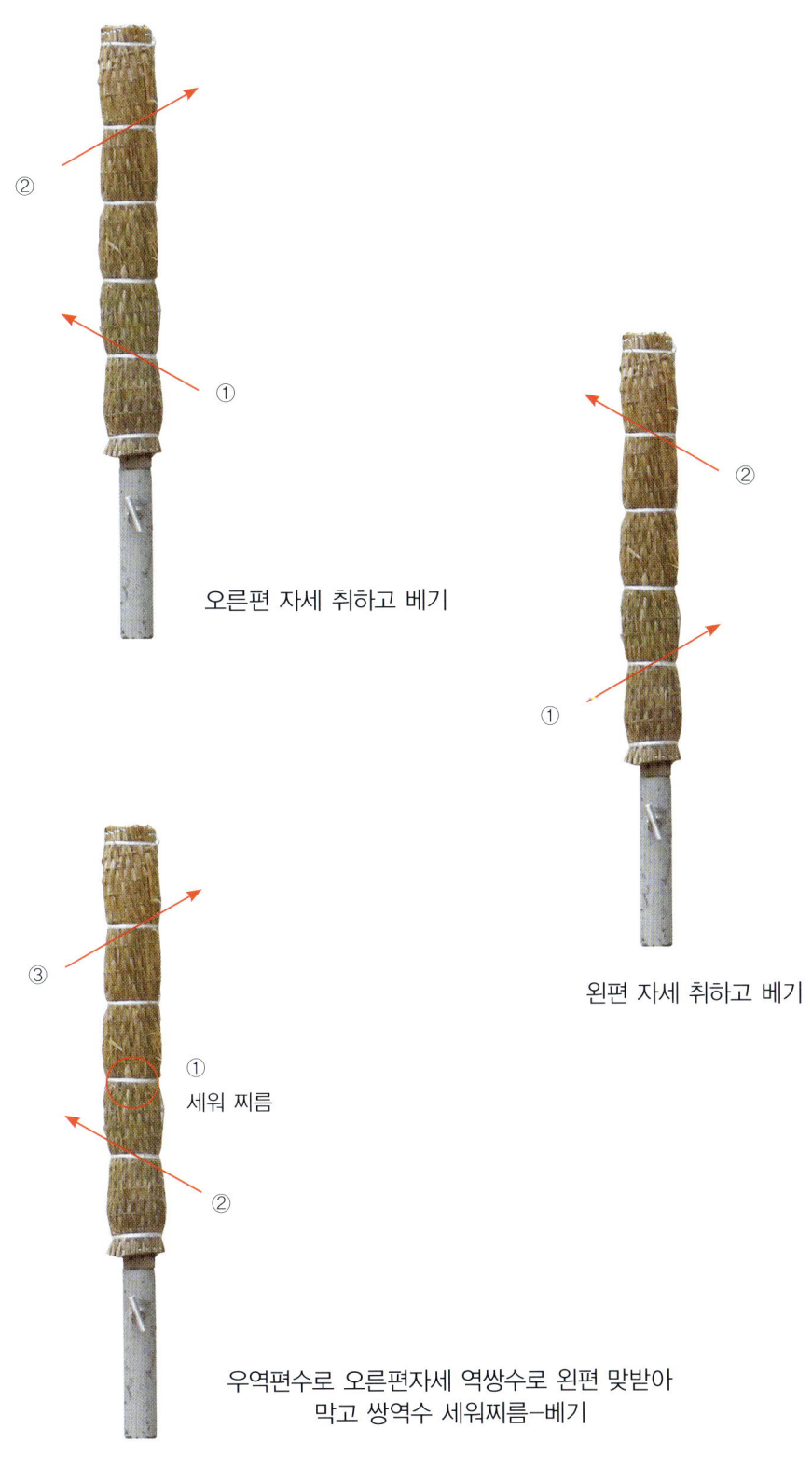

오른편 자세 취하고 베기

왼편 자세 취하고 베기

세워 찌름

우역편수로 오른편자세 역쌍수로 왼편 맞받아
막고 쌍역수 세워찌름-베기

17. 우편수 베기 (좌편수와 교체)

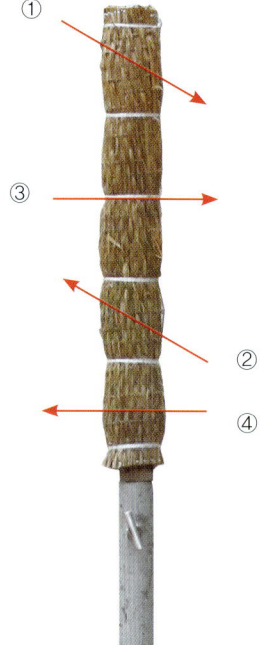

수직사선-우틀어막고-베기

18. 좌편수베기 (우편수와 교체)

좌편수수직사선발검-좌틀어막고-베기

19. 역편수 베기

▶ 한손을 역으로 잡고 베는 법.

좌틀어막고 베기

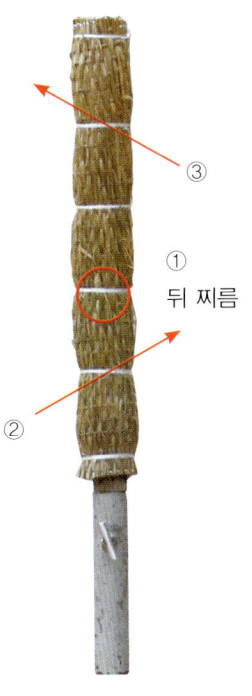

뒤 찌름

편수응용베기 적용

20. 전환 베기

▶ 물체를 놓고 좌 – 우 로 전환하며 베는 법.

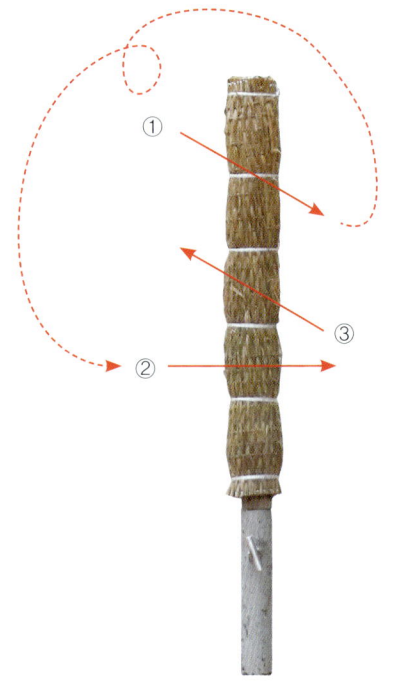
1번 베고 360° 전환

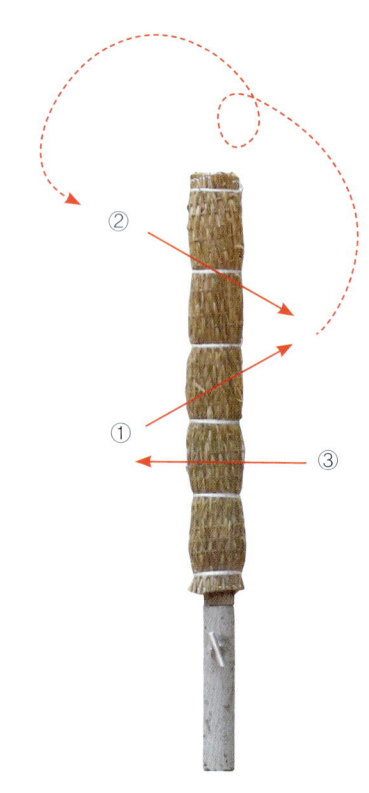
1번 베고 360° 전환

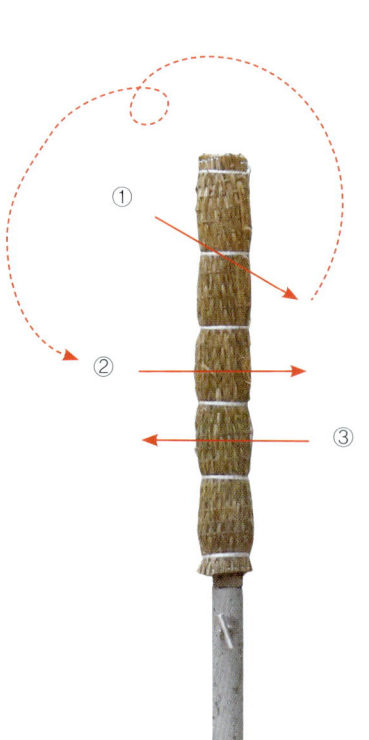
1번 베고 360° 전환

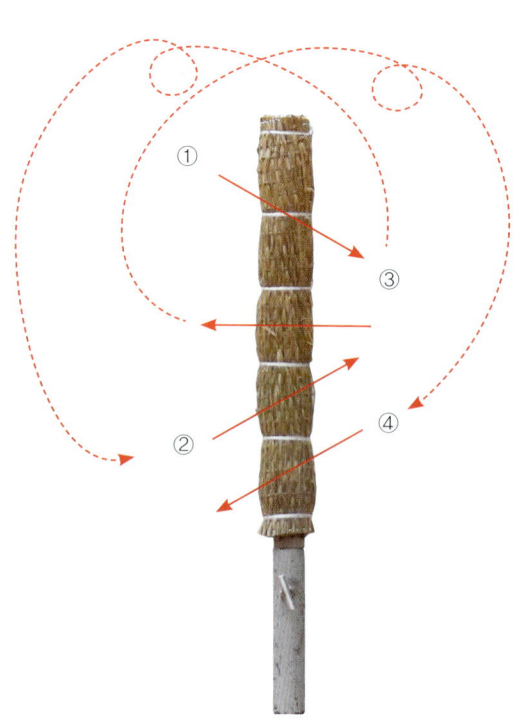
1~3번 베고 360° 전환

21. 응용 베기

◇ 대나무베기

전환우수평베기

측면으로 360° 전환하며 우 내려베기

22. 응용 베기

◇ 짚단베기

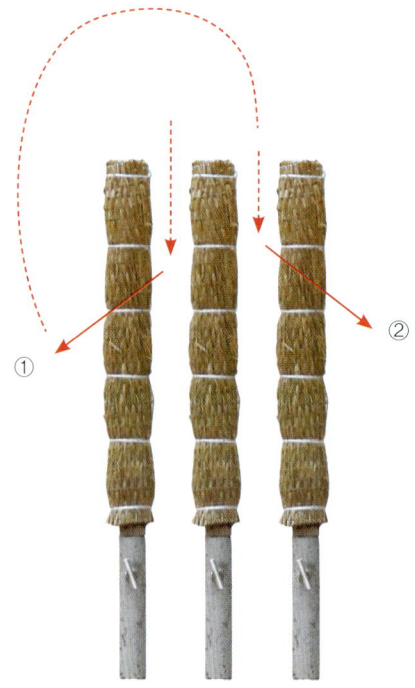

공간 사이로 정면 베고 좌·우 내려베기(연속동작 흘림법)

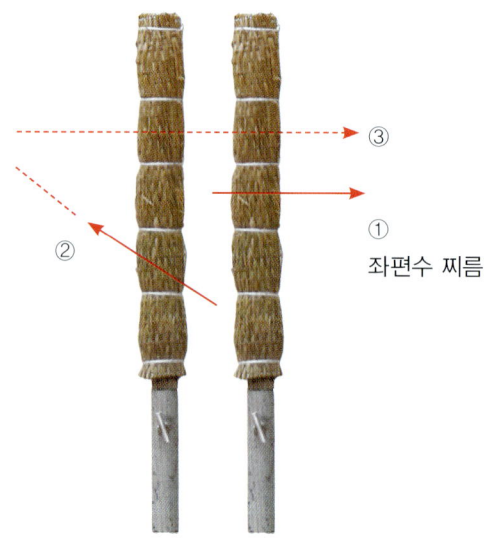

좌편수 찌르고 쌍수-좌수평 베고-우수평 베기

23. 발검법 베기

▶ 검을 뽑으면서 베는 법

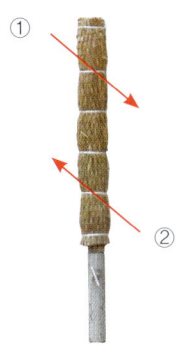  

  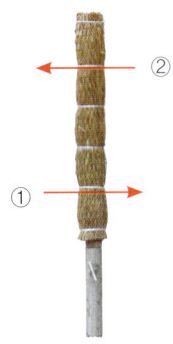

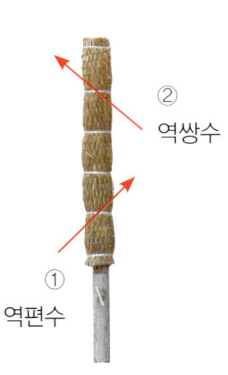
역편수 / 역쌍수

우역편수 / 좌편수

18. 이도쌍검

1) 기본자세
2) 검 착용법과 해체법
3) 세법

이도 쌍검

이도 쌍검이란?

각기 다른 두 자루의 검을 사용하는 쌍검수련법이다.

▶ 정 이도 쌍검법 : 왼손에 소도, 오른손에 대도를 들고 사용하는 쌍검수련법.

▶ 역 이도 쌍검법 : 오른손에 소도, 왼손에 대도를 들고 사용하는 쌍검수련법.

1) 기본자세

▶ 선자세

▶ 무릎정좌세

▶ 정좌세

▶ 명상정좌세

▶ 준비세

▶ 쉬어칼세

2) 검 착용과 해체법
3) 이도 쌍검 12자세
4) 이도 쌍검 격법
5) 세법

▶ 이도 쌍검법의 종류

정 이도 쌍검

역 이도 쌍검

▶ 기본자세

선 좌세

무릎 정좌세

정좌세

명상 정좌세

▶ 기본자세

준비세

쉬어칼세

18. 이도쌍검   **181**

▶ 검 착용과 해체 법

01

02

03

04

05

06

07

08

09

▶ 검 착용과 해체 법

10

11

12

13

14

15

16

17

18

18. 이도쌍검

19

20

21

22

23

24

25

26

27

▶ 이도 쌍검(12자세)

01

02

03
04

05
06

18. 이도쌍검 **185**

07

08

09

10

11

12

▶ 이도 쌍검(격법)

▶ 이도 쌍검(세법)

◎ 세계검무예연맹 연역

2020. 10	제14회 전국검도대회(온라인 대회)
2020. 11	문체부 지원사업 전통무예진흥 홍보영상 제작
2018. 04	유럽지도자교육(독일)
2018. 07	제12회 전국검도대회(시흥실내체육관)
2017. 04	호주. 영국 지도자교육(함평)
2017. 11	제11회 전국검도대회(구. 경찰대학교)
2016. 11	제10회 전국검도대회(수원대학교)
2015. 11	호주. 영국 지도자교육(부천연수원)
2014. 8.	미국협회 지도자 교육(부천연수원)
2014. 11.	제9회 전국검도대회(공주백제체육관)
2013. 03	싱가포르 1차 지도자교육
2013. 05	싱가포르 2차 지도자교육
2013. 09	미국협회 지도자 교육
2013. 11	제7회전국검도대회(대림대학교)
2013. 11	사단법인 세계검무예연맹 으로명칭변경
2012. 05	싱가포르 지도자연수 및 워크샵
2012. 09	미국 지도자연수 및 워크샵
2012. 11	제7회 전국검도대회(대림대학교)
2012. 12	2차 싱가포르 지도자연수

2011. 11	제6회 전국검도대회(안산올림픽기념관)	

2010. 06	제5회 전국 대회 개최	
2010. 12	호주 검무예 발대식	

2009. 11	청운대 산학 협력 협약서체결	
2009. 10	용인시 용오름전통무예축제전통무예시연 및 대상 수상	
2009. 10	kbs n 방영	
2009. 09	국회시범(한국전통무예연합회발대식)	
2009. 05	제4회 전국검도대회	

2008. 06	제3회 전국검도대회	

2007. 11	미국도법검도협회 검도교류 조인식(중앙연수원)	
2007. 10	정복수회장과 시범단 독일 초청시범행사 및 세미나	
2007. 10	"무토가라" 초청 유럽연합 무술축제 초청시범(독일, 크로아티아)	
2007. 10	유럽전지역 TV방송	
2007. 10	정복수회장 세계무도전문잡지 "무토가라" 12월 표지모델	
2007. 10	제2회 전국검도대회 개최(안산올림픽체육관)	
2007. 06	중앙연수원 개원(경기도 부천)	

2006. 12	심판교육, 제9기 지도자 연수수료식	
2006. 11	제1회 전국검도대회. 백야 김좌진 장군배 전국검도대회	
2006. 05	대동제(제1회 순국선열 및 독립투사 추모제)	
2006. 02	정복수 회장을 축으로 전통검무예의 단일화를 위한 첫걸음	
2006. 02	해동검도와 이도류검도 통합 발대식, 사단법인 한국해동검도연합회 탄생	

2005. 12	뉴스피플11호 정복수회장님 소개	
2005. 05	mbc공감특별한세상 출연	

2004. 12	대한이도류검도협회로 명칭 변경 사용
2004. 04	문화일보 "무림고수를 찾아서" 정복수 회장 소개
2003.	전국진검동호회 결성(달빛서슬회)
2003. 12	홍보용 CD제작(실전발도술 및 베기)
2003. 02	사단법인 대한도법검도협회 창립총회
2002. 08	라스베가스 골프쇼(2008 PGA Fall Expo) 참가
2002. 07	중국 최고기술의 산실 하얼빈(Harbin Institute of Technology)공과대학과 산·학협약 체결
2000. 08	백야 김좌진 장군배 전국검도대회
1997. 08	제1기 지도자 연수 및 수료식
1996. 06	대한도법검도협회 사회단체 설립신고
1996. 04	대한도법검도협회 설립(대표 정복수)
1989.	진검동호회 결성

모두를 위한 검무예

초판인쇄_ 2022년 4월 5일
초판발행_ 2022년 4월 15일
저자_ 일성 정복수
표지디자인_ 오영아
본문디자인_ 오영아
영상편집_ 스타트메모리즈
인쇄_ 인화씨앤피
제본_ 광우제본
발행인_ 金相一
발행처_ 혜성출판사
등록번호_ 제6-0648호
주소_ 서울시 동대문구 신설동 114-91 삼우빌딩 A동 205호
전화_ 02)2233-4468 FAX_ 02)2235-6316
E-mail_ hyesungbook@live.co.kr

정가: 30,000원

ISBN 979-11-86345-48-1(03690)

*본서의 무단복제를 금합니다.